W0095598

Johann Grassl

Ernährung bei Erkrankungen der Schilddrüse

• **maudrich.**gesund essen

Johann Grassl

Ernährung bei Erkrankungen der Schilddrüse

maudrich

INHALTSVERZEICHNIS

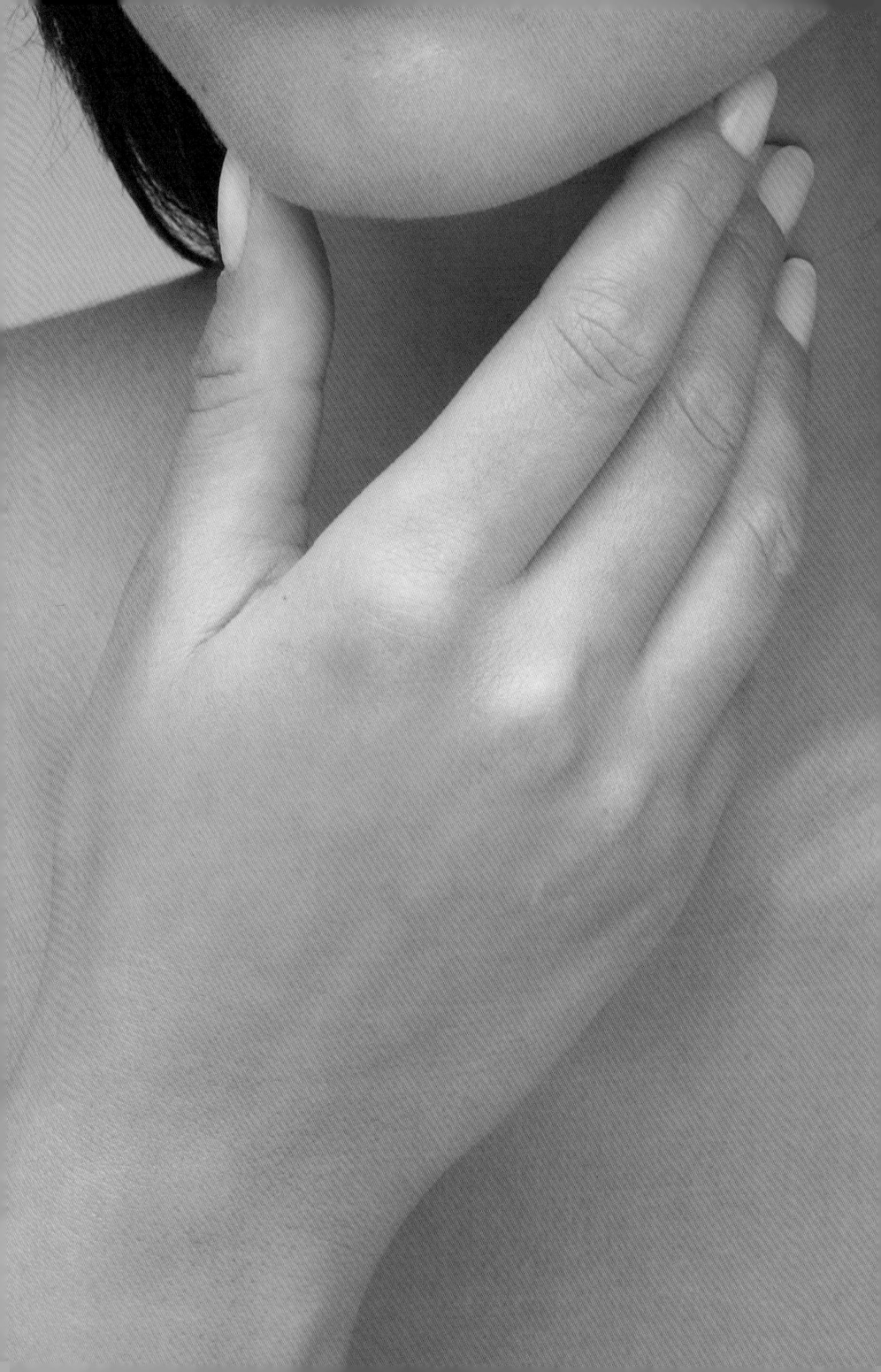

VORWORT

Die Schilddrüse, in etwa so groß wie eine Walnuss, ist ein immens wichtiger Brennpunkt für die Steuerung unserer Körperfunktionen. Sie produziert Hormone und reguliert dadurch verschiedene Abläufe im Stoffwechsel. Wenn ihre Hormonproduktion nicht funktioniert, führt das zum Chaos, im Körper kann es drunter und drüber gehen. Vor allem die Körpertemperatur, der Wasserhaushalt und die Funktionen des Gehirns werden durch sie gesteuert. Über den Kohlenhydrat-, Fett- und Eiweiß-Stoffwechsel nimmt sie Einfluss auf das Wachstum und die körperliche Entwicklung. Da Schilddrüsenerkrankungen zu Beginn meist schleichend verlaufen, werden sie oft erst spät entdeckt. Die Beschwerdebilder können sehr vielfältig sein, daher ist die richtige Diagnose nicht leicht zu stellen.

Erkrankungen der Schilddrüse zählen zu den häufigsten hormonellen Störungen des Menschen. Sollte bei Ihnen eine Schilddrüsenerkrankung festgestellt worden sein, seien Sie vorsichtig, von woher Sie Ihre Informationen zum Thema beziehen. Häufig werden falsche oder maßlos übertriebene Auskünfte weitergegeben. Es ist wichtig, schilddrüsenerfahrene SpezialistInnen zu konsultieren, in der Regel sind das EndokrinologInnen oder NuklearmedizinerInnen. In Ernährungsfragen wenden Sie sich an eine Diätologin oder an einen Diätologen.

Dieses Buch soll Unterstützung hinsichtlich der richtigen Ernährung zu einer Therapie von Schilddrüsenerkrankungen bieten.

Wien, Oktober 2013   Johann Grassl

DIE SCHILDDRÜSE (GLANDULA THYREOIDEA)

Üblicherweise liegt die Schilddrüse im Hals, an der Vorderseite der Luftröhre unterhalb des Kehlkopfes. Mit ihrem Gewicht von bis zu 80 Gramm ist sie eine verhältnismäßig große Hormondrüse, wobei ihre Form und Größe beträchtlich variieren können. Gewöhnlich besteht sie aus zwei Lappen (Lobus dexter und Lobus sinister), die in der Mitte durch eine Gewebebrücke (Isthmus) miteinander verbunden sind. Die Form der Schilddrüse erinnert an einen Schmetterling.

Auf der Schilddrüse sitzen die Nebenschilddrüsen. Dabei handelt es sich um vier (oder mehr) linsengroße „Knötchen", die auf den Schilddrüsenlappen liegen.

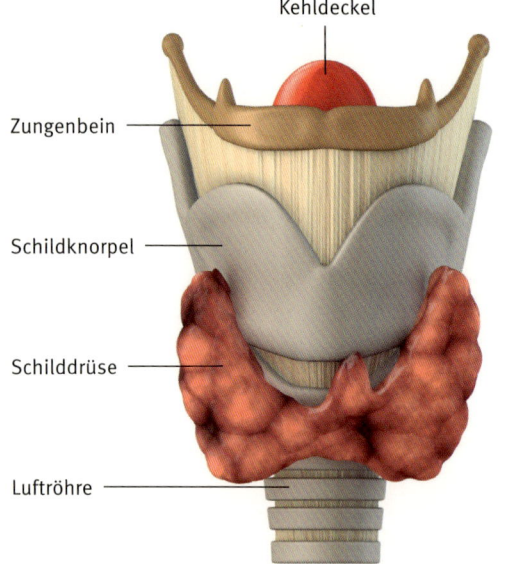

Kehldeckel

Zungenbein

Schildknorpel

Schilddrüse

Luftröhre

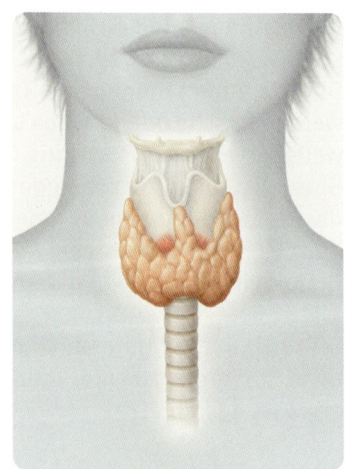

8

Hormone der Schilddrüse

Die gebildeten Hormone **Trijodthyronin** (T_3) und **Tetra-jodthyronin** (T_4) bzw. **Thyroxin** sind Jodverbindungen. Zu deren Erzeugung ist auf eine ausreichende Zufuhr von Jod über die Nahrung zu achten. Die Nebenschilddrüsen produzieren das **Parathormon** (PTH).

Die Schilddrüsenhormone T_3 und T_4 sind für die Steuerung des Energieverbrauchs im Körper, für den Sauerstoffverbrauch und für die Wärmeregulation verantwortlich, ebenso für die Empfindlichkeit verschiedener Rezeptoren an Organen. So beeinflussen sie zum Beispiel die Kraft des Herzens oder die Herzfrequenz. Gleiches gilt für die Funktion unseres Darms. Neben anderen Organen sind die Schilddrüsenhormone auch an der Blutbildung beteiligt. Weiters steuern sie den Verbrauch an Adenosintriphosphat (ATP), unserem Energielieferanten im Körper, ohne welchen beispielsweise unsere Muskelzellen nicht funktionieren.

Die Hormone der Schilddrüse sind für eine normale geistige und körperliche Entwicklung im Kindesalter unerlässlich. Der Fett- und Kohlenhydratstoffwechsel wird wesentlich durch diese Wirkstoffe beeinflusst und geregelt. Auch die Erregbarkeit von Muskel- und Nervengewebe wird durch die Schilddrüsenhormone geregelt. Das Parathormon der Nebenschilddrüsen und das **Calcitonin** aus der Schilddrüse beeinflussen den Phosphor- und Kalziumspiegel im Blut und somit den Auf- und Abbau von Knochenmasse.

Die Schilddrüse selbst, das heißt ihre Aktivität, wird ebenfalls durch Hormone gesteuert. Diese Hormone sind das „Thyreotropin-Releasing-Hormon" **(TRH)**, das im Zwischenhirn (Hypothalamus) gebildet wird, und das „Thyreoidea-stimulierende Hormon" **(TSH)**, das in der Hirnanhangsdrüse (Hypophyse) gebildet wird.

Hauptaufgaben der Schilddrüse

⟶ Bildung der Schilddrüsenhormone:
T_3 – Trijodthyronin
T_4 – Tetrajodthyronin = Thyroxin
Calcitonin
⟶ Bildung des Parathormons durch die Nebenschilddrüsen

Aufgaben der Schilddrüsenhormone

⟶ Regulierung des Stoffwechsels
⟶ Steuerung des ATP-Verbrauchs
⟶ Beeinflussung der Körpertemperatur
⟶ Beeinflussung des Zentralnervensystems
⟶ Regulation des Kalziumhaushaltes

Weitere spannende Infos über Schilddrüsenerkrankungen, über Behandlungsmöglichkeiten und über das 1. Österreichische Schilddrüsenzentrum erhalten Sie hier (zur Verfügung gestellt von: vielgesundheit.at – Die MedizinMediathek: www.vielgesundheit.at)

LABORPARAMETER UND DIAGNOSE

Um eine optimale, dem Krankheitszustand entsprechende medizinische und ernährungsbezogene Therapie erstellen zu können, ist es wichtig, verschiedene Laborparameter der Patientin bzw. des Patienten zu erheben. Anhand dieser Parameter kann die **Funktion oder Schädigung der Schilddrüse** überprüft werden.

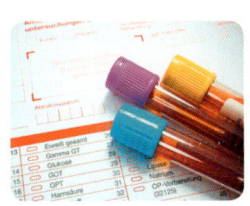

Wichtige Laborparameter

⋯⋙ Ausschlaggebend sind Blutwerte von T_3 und T_4 sowie TSH. Weitere relevante Parameter können Calcitonin und das Thyreoglobulin (TG) sein.

⋯⋙ Für eine optimale Diagnose oder Therapieüberwachung müssen neben den „schilddrüsentypischen" Parametern auch das Blutbild, der Blutzuckerspiegel, der Blut-Harnstoff-Stickstoff (kurz: BUN von engl. „blood-urea-nitrogen") als Nierenfunktionswert, Kreatinin, Kalium, Kalzium, Magnesium, Eisen, Blutfette und verschiedene Leberparameter herangezogen werden.

Die Kenntnis dieser Parameter unter Berücksichtigung von **Alter, Geschlecht, Körpergröße, Körpergewicht** und den **Lebensumständen** der erkrankten Person führt zu einer bestmöglich abgestimmten Ernährungstherapie.

Diagnose

Zur Krankheitsbestimmung stehen verschiedene **Untersuchungsmöglichkeiten** zur Verfügung. Je nach Situation werden die passenden Untersuchungen durchgeführt. Folgende stehen zur Auswahl:

- Anamnese
- Palpation
- Blutuntersuchung
- Ultraschall
- Szintigrafie
- Röntgenuntersuchung
- Feinnadelpunktion

Anamnese

In der Anamnese werden die persönliche medizinische Vorgeschichte und die aktuellen Beschwerden der erkrankten Person ermittelt. Meist ist es erforderlich, einen Fragebogen auszufüllen, der im Anschluss durch ein persönliches Gespräch ergänzt wird. Je mehr Informationen über die Vorgeschichte und Beschwerden zur Verfügung stehen, umso leichter ist es, eine geeignete Untersuchung und eine optimale Behandlung zu wählen.

Palpation (Untersuchung durch Tasten)

Durch das Tasten im Halsbereich lassen sich Knoten, Vergrößerungen sowie verhärtete Bereiche erfassen. Da sich eine Schilddrüsenerkrankung auch auf andere Organe auswirken kann, werden zusätzlich Körperteile wie zum Beispiel das Herz untersucht.

Blutuntersuchung

Durch die Untersuchung der Schilddrüsenhormone, Tumormarker und anderer organspezifischer Parameter kann eine Funktionsstörung oder eine Entzündung der Schilddrüse diagnostiziert werden.

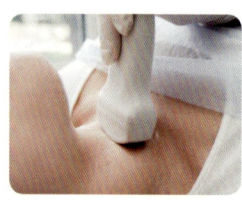

Ultraschall

Mittels Ultraschalluntersuchung lassen sich Größe und ungewöhnliche Verformungen der Schilddrüse feststellen. Weiters können mithilfe der Sonografie die Durchblutung der Schilddrüse beurteilt sowie eventuell vorhandene Knoten vermessen werden.

Szintigrafie

Die Szintigrafie ist eine nuklearmedizinische Untersuchung der Schilddrüse. Bei diesem bildgebenden Verfahren wird ein radioaktiv markierter Trägerstoff injiziert und gelangt über den Blutkreislauf in die Schilddrüse. Mittels einer speziellen Kamera kann die von diesem Trägerstoff abgegebene Strahlung gemessen und ein Funktionsbild der Schilddrüse erzeugt werden. Finden sich Knoten

12

in der Schilddrüse, können diese im Bild (Szintigramm) hinsichtlich ihrer Funktion beurteilt werden. Auftretende Knoten können in warme, heiße und kalte Knoten eingeteilt werden:

- **„Warme" Knoten** unterscheiden sich nicht vom restlichen Schilddrüsengewebe und nehmen an der normalen Hormonproduktion teil.
- **„Heiße" Knoten**, auch autonome Adenome genannt, produzieren unabhängig von der körpereigenen Steuerung und unabhängig vom tatsächlichen Bedarf zu viele Hormone.
- **„Kalte" Knoten** beteiligen sich nicht am Stoffwechsel. Sie können unbedenklich oder ein Hinweis auf einen vorhandenen Schilddrüsenkrebs sein.

Röntgenuntersuchung

Bei einem großen Kropf (Struma) kann es zu einer Einengung von Luft- und Speiseröhre kommen. Zur Begutachtung des Luftröhrendurchmessers dient eine Röntgenzielaufnahme. Die Speiseröhre kann durch Schlucken eines Kontrastmittelbreis beurteilt werden.

Feinnadelpunktion

Wird ein kalter Knoten diagnostiziert, muss untersucht werden, ob es sich dabei um einen gutartigen oder bösartigen Knoten handelt. Nach der Lokalisierung des Knotens und nach erfolgter Desinfektion wird mit einer Nadel durch die Haut direkt in den Knoten gestochen. Dabei wird Gewebe entnommen. Das entnommene Gewebe wird anschließend untersucht und beurteilt.

GRUNDSÄTZLICHES ZUR ERNÄHRUNGSTHERAPIE

Die wesentlichen Ziele einer Ernährungstherapie bei Schilddrüsenerkrankungen sind die Erhaltung der persönlichen Lebensqualität und die Unterstützung einer im Vordergrund stehenden medikamentösen Therapie. Häufig ist es notwendig, seinen Lebensstil an die Erkrankung anzupassen, wobei die Heilung der Erkrankung durch eine Ernährungstherapie nicht möglich ist.

Begleitung der Ernährungstherapie

Aufgrund der Komplexität und der unterschiedlichen Ausprägungen von Schilddrüsenerkrankungen bedarf eine effektive Ernährungstherapie immer einer professionellen Begleitung durch Diätologinnen und Diätologen.

Energiebedarf

Die Schilddrüse beeinflusst den Energiehaushalt wesentlich, **bis zu 30 % des Grundumsatzes** sind von ihr abhängig. Der Grundumsatz ist jene Energiemenge, die ein Mensch in absoluter Ruhe benötigt. Das bedeutet, dass eine **Überfunktion** der Schilddrüse relativ rasch zu einem hohen Gewichtsverlust führt, während eine **Unterfunktion** eine Gewichtszunahme bedingt. Ohne entsprechende ärztliche Therapie können diese Gewichtsschwankungen nicht unter Kontrolle gebracht werden. Sobald diese Therapie Erfolg zeigt, muss mit einer entsprechenden **Ernährungstherapie** begonnen werden. Gehandelt wird je nach Situation: Bei bestehendem Übergewicht wird die Energiezufuhr durch Nahrungsmittel eingeschränkt, bei Untergewicht wird sie erhöht.

Vorsicht!

Medikamentöse „Selbsttherapie" oder Medikamentenmissbrauch können eine eventuell notwendige Gewichtsreduktion nicht beschleunigen! In vielen Fällen kommt es zu schweren Organschäden.

Jod

Der Mineralstoff Jod wirkt als Bestandteil der Schilddrüsenhormone T_3 und T_4. Bei unzureichender Jodzufuhr können Jodmangelerscheinungen wie der Kropf (Struma) auftreten. Der tatsächliche Jodbedarf orientiert sich an der Bildung von Schilddrüsenhormonen. Das bedeutet, dass je nach Erkrankung ein anderer Bedarf gegeben ist. Für gesunde Personen empfiehlt die Weltgesundheitsorganisation (WHO) **täglich 2 Mikrogramm (µg) Jod pro Kilogramm Körpergewicht.** Jod aus Nahrungsmitteln kann der Körper sehr gut aufnehmen, allerdings ist der Jodgehalt von Lebensmitteln abhängig vom Jodgehalt in den Ackerböden, auf dem sie heranreifen. In Mitteleuropa sind die Böden generell jodarm, deshalb wird in der Schweiz und in Österreich Speisesalz jodiert, das heißt, dem Salz wird Jod beigefügt.

Jodreiche Lebensmittel

⟶ Seefisch
⟶ Meeresfrüchte (z. B. Muscheln, Krabben, Hummer)
⟶ Algen
⟶ jodiertes Speisesalz

Maßnahmen bei einer notwendigen jodarmen Ernährung (Reduktion der Jodzufuhr)

⟶ Meiden von jodiertem Speisesalz
⟶ Meiden von Seefisch, Meeresfrüchten und Algenprodukten
⟶ Meiden von **großen Mengen** an Lebensmitteln, die mit jodiertem Speisesalz zubereitet/hergestellt wurden; das können sein: marinierte, gepökelte, gesalzene, geräucherte Fleisch-, Wurst- oder Fischwaren (z. B.: Salami, Schinken, Räucherfisch, Dauerwurstwaren), Käse (z. B.: Parmesan, Schmelzkäse), Salzgebäck und gesalzene Nüsse, Fertiggerichte …
⟶ Meiden von jodhaltigem Mineralwasser
⟶ Meiden von jodhaltigen Nahrungsergänzungsmitteln (z. B. Vitamin- und Mineralstoffpräparate)
⟶ Meiden von jodhaltigen Medikamenten, Röntgenkontrastmitteln und Desinfektionsmitteln

15

Das **Meiden weiterer Lebensmittel** und das Durchforsten von „Jodtabellen" ist **nicht nötig,** da dadurch die Lebensmittelauswahl stark eingeschränkt wird und es somit zu einem Mangel an anderen notwendigen Mineralstoffen und Vitaminen kommen kann. Weiters ist durch eine strikte Jodkarenz (unabhängig von der Erkrankung oder Ursache) kein weiterer positiver gesundheitlicher Effekt zu erwarten.

Maßnahmen bei einer notwendigen Jodkarenz

⟶ Einhalten einer jodarmen Ernährung (siehe Kasten oben)

Zusätzlich:

⟶ Meiden **aller** Lebensmittel, die mit jodiertem Speisesalz zubereitet/hergestellt wurden; das können sein: marinierte, gepökelte, gesalzene, geräucherte Fleisch-, Wurst- oder Fischwaren (z. B.: Salami, Schinken, Räucherfisch, Dauerwurstwaren), Käse (z. B.: Parmesan, Schmelzkäse), Salzgebäck und gesalzene Nüsse, Fertiggerichte …

⟶ Verwenden Sie überwiegend frische oder nicht industriell weiterverarbeitete Lebensmittel.

Selen

Der Mineralstoff Selen hat neben zahlreichen anderen Funktionen im Körper die Aufgabe, das Schilddrüsenhormon T_3 zu aktivieren. Die täglich empfohlene Menge liegt bei **30–70 Mikrogramm (µg).** In Mitteleuropa sind die Böden generell arm an Selen, deshalb ist der Selengehalt in Nahrungsmitteln gering. Gute Selenlieferanten sind Fleisch, Fisch, Eier, Linsen und Spargel. Sollte eine ärztliche Verordnung für eine höhere Selenzufuhr vorliegen, so ist diese durch Nahrungsmittel nicht zu gewährleisten, da eine selenreiche Ernährung praktisch nicht durchführbar ist. Langfristige, therapeutische Selengaben sind nur unter ärztlicher Kontrolle mittels Arzneien möglich.

Kalzium

Der Mineralstoff Kalzium ist ein wichtiger Bestandteil des menschlichen Körpers. Er hat unter anderem

16

die Aufgabe, Knochen und Zähne aufzubauen. Die ausreichende Kalziumkonzentration im Blut wird durch das Parathormon in den Nebenschilddrüsen gesteuert. Sind die Nebenschilddrüsen in ihrer Funktion beeinträchtigt, ist häufig eine erhöhte Zufuhr von Kalzium notwendig. Die Zufuhr sollte dann bei **2 Gramm täglich** liegen. Durch eine kalziumreiche Ernährung und durch ärztlich verordnete Medikamente lässt sich der Bedarf gut decken.

So lässt sich die Aufnahme von Kalzium fördern:

→ Milchzucker (enthalten in Milchprodukten)
→ Fruchtsäuren (enthalten in Obstsäften)
→ Vitamin D (enthalten in Fisch, Eigelb, Butter)
   Vitamin D wird im Körper unter Einwirkung von Sonnenlicht aktiviert.

So wird die Aufnahme von Kalzium gehemmt:

→ Phosphat (enthalten in Fleisch und Wurstwaren, Cola, Nüssen, Schmelzkäse, Hülsenfrüchten)
→ Oxalsäure (enthalten in Spinat, Rhabarber, Roten Rüben, Kakaopulver)
→ hoher Kochsalzkonsum
→ Bohnenkaffee (nicht mehr als drei Tassen pro Tag)
→ Alkohol

Kalziumreiche Lebensmittel

→ Milch und Milchprodukte, insbesondere Käse
→ grüne Blattgemüse, grüne Kohlsorten
→ Sojaprodukte
→ kalziumreiche Mineralwässer (mehr als 150 Milligramm Kalzium pro Liter)
→ weitere Beispiele siehe Tabelle

Kalziumreiche Lebensmittel

Kalziumreiche Lebensmittel	mg/100 g*
Parmesan	1200
Hartkäse	800–900
Schnittkäse	700–800
Weichkäse	400–500
Camembert	500
Petersilie	245
Feigen, getrocknet	240
Grünkohl	200
Schnittlauch	130
Vollmilchjoghurt	130
Blattspinat	125
Kuhmilch	120
Sauerrahm/saure Sahne	110
Brokkoli	100
Fenchel	100
Walnüsse	85
Linsen	75
Haferflocken	55
Beerenobst	18

* Die Werte wurden gerundet.

Vitamin D

Da Vitamin D den Kalziumspiegel im Blut beeinflusst, ist bei einer kalziumreichen Ernährung auch eine Vitamin-D-reiche Ernährung erforderlich. Der Bedarf wird in der Regel etwa zu 80 % vom Körper selbst gedeckt, da Vitamin D durch die UV-Strahlen des Sonnenlichts in der Haut gebildet wird. Damit der Körper genug Vitamin D produzieren kann, reicht es bereits aus, sich **zweimal wöchentlich 30 Minuten im Freien** aufzuhalten. In den Wintermonaten sollte jedoch auf eine erhöhte Zufuhr dieses Vitamins über die Nahrung geachtet werden.

Vitamin-D-reiche Lebensmittel

- fettreiche Fische
- Eigelb
- Margarine
- Pilze

19

SCHILDDRÜSEN-ERKRANKUNGEN

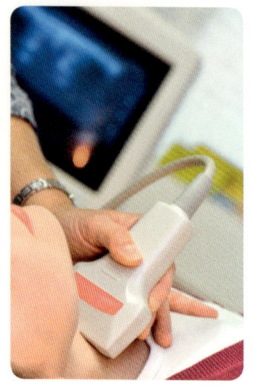

Untersuchungsvorbereitung für Szintigrafie und Radiojodtherapie

Vor einer Szintigrafie und einer Radiojodtherapie zur Behandlung der Schilddrüsenautonomie, des Morbus Basedow, der Schilddrüsenvergrößerung und bestimmter Formen des Schilddrüsenkrebses wird ein **radioaktives Jod-Isotop** verwendet. Um eine optimale Aufnahme des Jods in die Schilddrüse zu erreichen, müssen vor der Untersuchung bzw. Therapie mit radioaktivem Jod zusätzliche Jodquellen gemieden werden (siehe Abschnitt „Jod" auf S. 15). In der Regel sollte die Jodkarenz (siehe „Maßnahmen bei einer notwendigen Jodkarenz" auf S. 16) vier Wochen vor Therapiebeginn starten.

Kropf (Struma)

Der Kropf ist eine **Schilddrüsenvergrößerung**, die oft mit bloßem Auge erkennbar ist. Die Funktion der Schilddrüse kann normal sein, aber es kann auch eine Über- oder Unterfunktion vorliegen. Die häufigste Ursache für das Entstehen eines Kropfes ist ein **Jodmangel**. Die Behandlungsmöglichkeiten umfassen neben einer medikamentösen Therapie eine Schilddrüsenoperation und eine Radiojodtherapie. Ein Kropf verursacht häufig keine oder nur geringe Beschwerden. Es können jedoch Symptome wie Atemnot oder Schluckbeschwerden auftreten. Besteht zusätzlich eine Schilddrüsenfunktionsstörung, so können noch die Beschwerden einer Unterfunktion (Hypothyreose) oder einer Überfunktion (Hyperthyreose) auftreten.
Nach erfolgter komplikationsloser Therapie ist in der Regel keine spezielle Ernährungstherapie erfor-

20

derlich. Es reicht, eine gesunde Ernährung mit einer ausgewogenen Mischkost und ausreichender (normaler) Jodzufuhr einzuhalten. Sollte es aufgrund der gewählten Therapie zu Problemen mit der Nebenschilddrüse kommen, ist gegebenenfalls eine kalzium- und Vitamin-D-reiche Ernährung notwendig. Die Entscheidung hierfür obliegt der ÄrztInnenschaft.

Besteht aufgrund der vorangegangenen Erkrankung ein Unter- oder Übergewicht, ist der Energiegehalt der Nahrung entsprechend anzupassen.

Bestand und besteht weiterhin eine Schilddrüsenüberfunktion oder -unterfunktion, sind die entsprechenden Empfehlungen ebenfalls zu berücksichtigen (siehe folgende Abschnitte).

Schilddrüsenentzündung (Thyreoiditis)

Bei einer Thyreoiditis wird das **Gewebe der Schilddrüse ganz oder teilweise zerstört**. Ursachen hierfür sind ein Gendefekt (mit familiärer Häufung) und eine **Autoimmunerkrankung**.

Die Symptome treten meist langsam und schleichend auf. Die Therapie wird individuell auf Patientinnen und Patienten sowie den Krankheitsverlauf abgestimmt. Als Folge der Erkrankung bleibt eine funktionseingeschränkte Schilddrüse zurück.

Autoimmunerkrankung

Dabei handelt es sich um eine Erkrankung, bei der das Immunsystem körpereigenes Gewebe fälschlicherweise als Fremdkörper identifiziert. Das führt dazu, dass dieses an sich gesunde Gewebe durch körpereigene Substanzen geschädigt bzw. zerstört wird. Wie es dazu kommt bzw. warum es Autoimmunerkrankungen gibt, ist unklar (= idiopathisch).

Schilddrüsenüberfunktion (Hyperthyreose)

Unter einer Schilddrüsenüberfunktion versteht man einen **erhöhten Spiegel der Hormone T_3 und T_4** im Blut. Dies führt teilweise zu einem beschleunigten Stoffwechsel. Symptome dieser Erkrankung sind Gewichtsverlust, Nervosität und Unruhe mit rascher Erschöpfbarkeit, Schlaflosigkeit, Herzproblemen (z. B. erhöhter Pulsschlag), Haarausfall, Durchfall, Zyklusproblemen usw.

Zusätzlich zur ärztlichen Therapie ist eine Ernährungstherapie angezeigt. Basis dafür ist eine gesunde Ernährung mit einer ausgewogenen Mischkost. Eine Jodkarenz ist nicht notwendig, allerdings ist eine jodarme Ernährung (siehe Abschnitt „Jod" auf S. 15) einzuhalten. Besteht Untergewicht, ist der Energiegehalt der Nahrung entsprechend anzupassen, das heißt zu erhöhen.

Schilddrüsenunterfunktion (Hypothyreose)

Unter einer Schilddrüsenunterfunktion versteht man eine **mangelnde Versorgung des Körpers mit den Hormonen T_3 und T_4**. Dies führt zu einer Verlangsamung des Stoffwechsels. Die Folgen sind geringere körperliche und geistige Leistungsfähigkeit. Symptome dieser Erkrankung sind Müdigkeit, Antriebsarmut, brüchige Nägel, Haarausfall, Gewichtszunahme, Verstopfung, Neigung zu depressiver Stimmung usw. Bei Kindern kann eine sehr früh erworbene oder eine angeborene Schilddrüsenunterfunktion zu körperlichen und geistigen Entwicklungsverzögerungen führen.

Zusätzlich zur ärztlichen Therapie ist eine Ernährungstherapie angezeigt. Basis ist eine gesunde Ernährung mit einer ausgewogenen Mischkost und ausreichender (normaler) Jodzufuhr. Besteht Übergewicht, ist der Energiegehalt der Nahrung entsprechend anzupassen, das heißt zu senken. Dies sollte aber keinesfalls durch spezielle Diäten versucht werden, sondern durch eine Anpassung des Lebensstils unter professioneller Führung einer Diätologin oder eines Diätologen.

Morbus Basedow

Die Basedow-Thyreoiditis oder auch Morbus Basedow ist eine **Autoimmunerkrankung** mit den klinischen Zeichen der **Schilddrüsenüberfunktion**.

Zusätzlich zur ärztlichen Therapie ist eine Ernährungstherapie angezeigt. Basis ist eine gesunde Ernährung mit einer ausgewogenen Mischkost. Eine

Jodkarenz ist nicht notwendig, allerdings ist eine jodarme Ernährung (siehe Abschnitt „Jod" auf S. 15) einzuhalten. Besteht Untergewicht, ist der Energiegehalt der Nahrung entsprechend anzupassen, das heißt zu erhöhen.

Hashimoto

Die Hashimoto-Thyreoiditis ist ebenfalls eine **chronische Schilddrüsenentzündung.** Üblicherweise nimmt sie einen unauffälligen Verlauf mit den mehr oder minder ausgeprägten Zeichen einer Schilddrüsenunterfunktion. Allerdings gibt es auch akute Schübe, bei welchen es zu Stoffwechsellagen wie bei einer Schilddrüsenüberfunktion kommt. Meist tritt die Erkrankung in der Pubertät auf. Frauen sind häufiger (3 : 1) betroffen als Männer.
Zusätzlich zur ärztlichen Therapie ist eine Ernährungstherapie angezeigt. Basis ist eine gesunde Ernährung mit einer ausgewogenen Mischkost und ausreichender (normaler) Jodzufuhr. Es sollten aber keine größeren Mengen an Jod verabreicht werden (siehe Abschnitt „Jod" auf S. 15). Besteht Übergewicht, ist der Energiegehalt der Nahrung entsprechend anzupassen, das heißt zu senken. Dies sollte aber keinesfalls durch spezielle Diäten versucht werden, sondern durch eine Anpassung des Lebensstils unter professioneller Führung einer Diätologin oder eines Diätologen. Nach ärztlicher Abklärung bzw. nach ärztlicher Empfehlung kann Selen mittels Arznei zugeführt werden (siehe Abschnitt „Selen" auf S. 16). Häufig führt die Selengabe zu einer bedeutsamen Verbesserung der Beschwerden und somit zu einer Steigerung der Lebensqualität. Die notwendige Hormongabe kann das Selen allerdings nicht ersetzen.

Autonomes Adenom

Ein Autonomes Adenom wird auch als „heißer Knoten" bezeichnet und charakterisiert einen gutartigen, vom Drüsenepithel ausgehenden **Knoten aus**

23

autonomem Schilddrüsengewebe, das heißt, er produziert unabhängig vom tatsächlichen Bedarf zu viele Hormone. Dies kann zu einer Schilddrüsenüberfunktion führen (zur Ernährungstherapie siehe Abschnitt „Schilddrüsenüberfunktion" auf S. 21f.).

Schilddrüsenkrebs und „kalte Knoten"

Kalte Knoten werden auch als **hypofunktionelle Knoten** bezeichnet, das heißt, sie beteiligen sich nicht an der Produktion von Schilddrüsenhormonen. In der Regel sind sie harmlos und werden medikamentös therapiert. Eine Ernährungstherapie ist nicht notwendig, es gelten die Regeln einer gesunden, ausgewogenen Mischkost. In seltenen Fällen entwickelt sich ein Schilddrüsenkrebs, der operativ therapiert wird. Ob und welche Ernährungsmaßnahmen ergriffen werden müssen, hängt von der weiterführenden Therapie und dem Krankheitsverlauf ab. Alle Entscheidungen werden in enger Zusammenarbeit zwischen Patientin bzw. Patient, ärztlicher Seite und diätologischem Team abgestimmt.

Hyperparathyreoidismus

Aufgrund einer Erkrankung der Nebenschilddrüse oder anderer Erkrankungen (z. B. Nierenerkrankungen, Hypokalzämie) kann es zu einer **gesteigerten Stimulation der Nebenschilddrüsen** kommen. Dies kann zum Freisetzen von Kalzium aus dem Knochengerüst und somit zu Knochenbrüchen führen. In weiterer Folge kommt es zu Gewebsverkalkungen und zu Herz-Kreislauf-Erkrankungen.
Die Ernährungstherapie richtet sich nach der Grunderkrankung. In den meisten Fällen kann aber eine kalzium- und Vitamin-D-reiche Ernährung empfohlen werden (siehe die Abschnitte „Kalzium" und „Vitamin D" auf S. 16 und 18).

ERNÄHRUNGSTHERAPEUTISCHE EMPFEHLUNGEN

Im vorigen Kapitel wurden die Schilddrüsenerkrankungen vorgestellt. In der nachfolgenden Übersicht sehen Sie im Überblick die wichtigsten ernährungstherapeutischen Interventionen hierzu, und zwar bei welcher Behandlungs- oder Erkrankungsform niedrigerer, gleichbleibender oder erhöhter Bedarf an Energie, Jod, Selen, Kalzium und Vitamin D gegeben ist.

Ernährungstherapeutische Empfehlungen bei Schilddrüsenerkrankungen

	Energie	Jod	Selen	Kalzium	Vitamin D
Kropf	Normalbedarf*	Normalbedarf	Normalbedarf*	Normalbedarf*	Normalbedarf*
Schilddrüsenüberfunktion	erhöhen	jodarm	Normalbedarf*	Normalbedarf*	Normalbedarf*
Schilddrüsenunterfunktion	senken	Normalbedarf	Normalbedarf*	Normalbedarf*	Normalbedarf*
Morbus Basedow	eventuell erhöhen	jodarm	Normalbedarf*	Normalbedarf*	Normalbedarf*
Hashimoto	eventuell senken	Normalbedarf; übermäßige Zufuhr vermeiden	erhöhen	Normalbedarf*	Normalbedarf*
Autonomes Adenom	eventuell erhöhen	eventuell jodarm	Normalbedarf*	Normalbedarf*	Normalbedarf*
Hyperparathyreoidismus	Normalbedarf*	Normalbedarf*	Normalbedarf*	erhöhen	erhöhen

* abhängig vom Ergebnis einer professionellen, situationsabhängigen Beratung

Die Tabelle dient allerdings nur zur Orientierung. Da Schilddrüsenerkrankungen sehr komplex sind und nicht jede Person in das angeführte Schema passt, ist es wichtig, den ärztlichen Anordnungen zu folgen und die Ernährungstherapie unter professioneller Führung auf die Einzelperson abgestimmt zu gestalten. In verschiedenen Fällen besteht zum Beispiel ein Normalbedarf an Jod, eine übermäßige Zufuhr kann aber negative Folgen haben.

Nicht angeführt ist hier der **Schilddrüsenkrebs**. Da es dazu unterschiedliche Therapien, verschiedenste Symptome und Begleiterscheinungen gibt, ist für eine zielführende Therapie eine individuelle Beratung erforderlich.

Im Falle einer **Untersuchungsvorbereitung** für eine Szintigrafie oder bei einer Radiojodtherapie ist eine Jodkarenz einzuhalten, die passenden Empfehlungen hierfür finden Sie auf S. 16.

Beachten Sie die **Hinweise zu den Rezepten** auf S. 32, um Speisen beispielsweise energiereicher oder jodärmer zu gestalten. Anhand von Symbolen bzw. Abkürzungen sehen Sie im Rezeptteil ab S. 32 sowie in der Rezeptübersicht ab S. 106, welche Rezepte jodarm, jodreich, kalziumreich und/oder selenreich sind.

AUSGEWOGENE MISCHKOST

In einigen vorangegangenen Kapiteln wird als Basis einer Ernährungstherapie die „ausgewogene Mischkost" empfohlen. Das bedeutet, dass eine finale Ernährungsempfehlung aus dem Zusammenspiel aller relevanten, bekannten Parameter und Krankheitsfaktoren entsteht. Vorrang haben bei der Therapieerstellung die Empfehlungen der zugrunde liegenden Schilddrüsenerkrankung.

10 Regeln für eine vollwertige Ernährung

Die Deutsche Gesellschaft für Ernährung (DGE) hat auf Basis aktueller wissenschaftlicher Erkenntnisse zehn Regeln für eine vollwertige, ausgewogene Ernährung formuliert. Sie helfen, genussvoll und gesundheitserhaltend zu essen und zu trinken (vgl. http://www.dge.de):

1. **Vielseitig essen**
   Genießen Sie die Lebensmittelvielfalt. Merkmale einer ausgewogenen Ernährung sind abwechslungsreiche Auswahl, geeignete Kombination und angemessene Menge nährstoffreicher und energiearmer Lebensmittel.

2. **Reichlich Getreideprodukte und Kartoffeln**
   Brot, Nudeln, Reis, Getreideflocken, am besten aus Vollkorn, sowie Kartoffeln enthalten kaum Fett, aber reichlich Vitamine, Mineralstoffe sowie Ballaststoffe und sekundäre Pflanzenstoffe. Verzehren Sie diese Lebensmittel mit möglichst fettarmen Zutaten. Mindestens 30 Gramm Ballaststoffe, vor allem aus Vollkornprodukten, sollten es täglich sein. Eine hohe Zufuhr senkt die Risiken für verschiedene ernährungsmitbedingte Krankheiten.

3. Gemüse und Obst – nimm „5 am Tag" ...

Genießen Sie fünf Portionen Gemüse und Obst am Tag, möglichst frisch, nur kurz gegart – oder auch eine Portion als Saft – idealerweise zu jeder Hauptmahlzeit und auch als Zwischenmahlzeit: Damit werden Sie reichlich mit Vitaminen, Mineralstoffen sowie Ballaststoffen und sekundären Pflanzenstoffen (z. B. Carotinoiden, Flavonoiden) versorgt.

4. Täglich Milch und Milchprodukte; ein- bis zweimal in der Woche Fisch; Fleisch, Wurstwaren sowie Eier in Maßen

Diese Lebensmittel enthalten wertvolle Nährstoffe, wie z. B. Kalzium in Milch; Jod, Selen und Omega-3-Fettsäuren in Seefisch. Fleisch ist Lieferant von Mineralstoffen und Vitaminen (B_1, B_6 und B_{12}). Mehr als 300–600 Gramm Fleisch und Wurst pro Woche sollten es nicht sein. Bevorzugen Sie fettarme Produkte, vor allem bei Fleischerzeugnissen und Milchprodukten.

5. Wenig Fett und fettreiche Lebensmittel

Fett liefert lebensnotwendige (essenzielle) Fettsäuren, und fetthaltige Lebensmittel enthalten auch fettlösliche Vitamine. Fett ist besonders energiereich, daher kann zu viel Nahrungsfett Übergewicht fördern. Zu viele gesättigte Fettsäuren erhöhen das Risiko für Fettstoffwechselstörungen, mit der möglichen Folge von Herz-Kreislauf-Krankheiten. Bevorzugen Sie pflanzliche Öle und Fette (z. B. Raps- und Sojaöl und daraus hergestellte Streichfette). Achten Sie auf unsichtbares Fett, das in Fleischerzeugnissen, Milchprodukten, Gebäck und Süßwaren sowie in Fast-Food- und Fertigprodukten meist enthalten ist. Insgesamt 60–80 Gramm Fett pro Tag reichen aus.

6. Zucker und Salz in Maßen

Verzehren Sie Zucker und Lebensmittel bzw. Getränke, die mit verschiedenen Zuckerarten (z. B. Glukosesirup) hergestellt wurden, nur gelegentlich. Würzen Sie kreativ mit Kräutern und Gewürzen und wenig Salz.

7. **Reichlich Flüssigkeit**
   Wasser ist absolut lebensnotwendig. Trinken Sie rund 1,5 Liter Flüssigkeit jeden Tag. Bevorzugen Sie Wasser ohne oder mit Kohlensäure und andere energiearme Getränke. Alkoholische Getränke sollten nur gelegentlich und nur in kleinen Mengen konsumiert werden.

8. **Schmackhaft und schonend zubereiten**
   Garen Sie die jeweiligen Speisen bei möglichst niedrigen Temperaturen, soweit es geht kurz, mit wenig Wasser und wenig Fett – das erhält den natürlichen Geschmack, schont die Nährstoffe und verhindert die Bildung schädlicher Verbindungen.

9. **Sich Zeit nehmen und genießen**
   Essen Sie nicht nebenbei, lassen Sie sich Zeit beim Essen! Das fördert Ihr Sättigungsempfinden.

10. **Auf das Gewicht achten und in Bewegung bleiben**
    Ausgewogene Ernährung, viel körperliche Bewegung und Sport (30 bis 60 Minuten pro Tag) gehören zusammen. Mit dem richtigen Körpergewicht fühlen Sie sich wohl und fördern Ihre Gesundheit.

REZEPTE

Alle Rezepte sind mit **Nährwertangaben** versehen, pro Portion sind folgende Nährwerte ausgewiesen:

- Energie (in kcal)
- Fett (in g)
- Kohlenhydrate (in g)
- Eiweiß (in g)

Sollten Sie die Rezepte noch **kalorienärmer** gestalten wollen, können Sie fast immer den Anteil an Fleisch oder Teigwaren reduzieren und stattdessen den Gemüseanteil erhöhen. Fetthaltige Milchprodukte können durch magere ausgetauscht werden.

Sollten Sie mehr **Energie** benötigen, können Sie bei vielen Rezepten den Energiegehalt durch das Hinzufügen von hochwertigen Pflanzenölen (z.B. Distelöl, Olivenöl, Kürbiskernöl) erhöhen. Sie können verschiedene Rezepte auch durch das Binden mit Vollkornmehl mit Energie anreichern.

Anhand der folgenden Symbole bzw. Abkürzungen sehen Sie auf einen Blick, welche Rezepte besonders für Sie geeignet sind (siehe dazu auch die Rezeptübersicht ab S. 106):

J+ jodreiche Rezepte bei erhöhtem Jodbedarf

J– jodarme Rezepte bei verringertem Jodbedarf

Ca+ kalziumreiche Rezepte

Se+ Rezepte mit selenreichen Lebensmitteln

> **Hinweis**
>
> Achten Sie darauf, alle jodarmen Rezepte **ohne jodiertes Salz** zuzubereiten!

Zubereitungstipps für Suppen, Saucen und Fonds

Für **Suppen, Saucen** und einige andere Gerichte wird als Basis meist Wasser verwendet. Wenn Sie stattdessen einen Gemüse- oder Fleischfond verwenden, können Sie den Geschmack der Speisen zusätzlich verbessern. Es ist günstig, den Fond in größeren Mengen zuzubereiten und anschließend portionsweise tiefzukühlen, damit er bei Bedarf immer zur Verfügung steht.

Für einen **Gemüsefond** schneiden Sie Karotten/Möhren, Gelbe Rüben, Petersilienwurzel, Zwiebel und Knoblauch grob auseinander. Setzen Sie diese Zutaten gemeinsam mit Pfefferkörnern in kaltem Wasser an, bringen Sie dies dann zum Kochen, lassen Sie es 2½–3 Stunden köcheln und seihen Sie den Fond abschließend durch ein Sieb.

Für einen **Fleischfond** braten Sie Knochen und Fleisch in heißem Öl in einem Topf scharf an, geben Sie klein geschnittenes Suppengemüse, klein geschnittenen Zwiebel (mit Schale) und Knoblauch dazu und rösten Sie diese Zutaten mit an. Fügen Sie danach Tomatenmark hinzu und rösten Sie es ebenfalls mit an. Löschen Sie mit Wasser ab und bringen Sie das Ganze zum Kochen. Geben Sie Gewürze und Kräuter dazu und lassen Sie alles mehrere Stunden lang köcheln. Schöpfen Sie öfters den Schaum ab. Passieren Sie abschließend den Fond durch ein Spitzsieb und schöpfen Sie das Fett ab.

33

SUPPEN

ERBSENSUPPE

Zutaten für 2 Portionen:

60 g Erbsen

500 ml Wasser

1 TL Suppenwürze

Salz

Pfeffer (schwarz)

1 TL Maisstärke

Zubereitung:

Erbsen mit den Gewürzen weich kochen, mit Maisstärke binden und anschließend pürieren.

Nährwerte pro Portion:

Energie	Fett	Kohlenhydrate	Eiweiß
42 kcal	1 g	6 g	3 g

FRÜHLINGSKRÄUTERSUPPE

Zutaten für 2 Portionen:

500 ml Wasser

2 EL Kräutermischung

Wacholderbeeren

Lorbeerblatt

1 EL Sauerrahm/saure Sahne

1 TL Maisstärke

Zubereitung:

Die Kräuter und Gewürze im Wasser aufkochen. Stärke und Sauerrahm vermischen und langsam in die Suppe einrühren, danach kurz aufkochen.

Nährwerte pro Portion:

Energie	Fett	Kohlenhydrate	Eiweiß
34 kcal	2 g	3 g	1 g

INDISCHE CURRYSUPPE

Zutaten für 2 Portionen:

1 Zwiebel

1 Apfel

1 TL Rapsöl

1 EL Vollkornmehl

Currypulver

½ l Wasser

Salz

Zucker

Mandelblätter

Zubereitung:

Zwiebel und Apfel in feine Würfel schneiden und im Öl dünsten. Mehl und Curry dazugeben und anschwitzen, mit Wasser aufgießen. Mit Salz und Zucker abschmecken.

Serviertipp: Mit einigen Mandelblättern servieren.

Nährwerte pro Portion:

Energie	Fett	Kohlenhydrate	Eiweiß
88 kcal	4 g	12 g	2 g

34

KARFIOLSUPPE

Zutaten für 2 Portionen:

100 g Karfiol/Blumenkohl

Salz

Pfeffer (schwarz)

Muskatnuss

Wacholderbeere

Lorbeerblatt

½ l Wasser

2 EL (20 g) Sauerrahm/
saure Sahne

Zubereitung:

Karfiol und Gewürze im Wasser kochen, danach die Wacholderbeeren und das Lorbeerblatt herausnehmen, die Suppe mit einem Stabmixer pürieren. Mit Sauerrahm abschmecken und servieren.

Nährwerte pro Portion:

Energie	Fett	Kohlenhydrate	Eiweiß
45 kcal	3 g	3 g	2 g

KAROTTENSUPPE

Zutaten für 2 Portionen:

100 g Karotten/Möhren

Petersilienwurzel

400 ml Wasser

Salz

Pfeffer (weiß)

Muskatnuss

Kerbel

⅛ l Orangensaft

1 TL Sonnenblumenöl

Zubereitung:

Karotten und die Petersilienwurzel schneiden und im Wasser mit den Gewürzen weich kochen. Orangensaft und Öl dazugeben und im Anschluss mit einem Stabmixer pürieren.

Nährwerte pro Portion:

Energie	Fett	Kohlenhydrate	Eiweiß
64 kcal	3 g	8 g	1 g

KÜRBISSUPPE

Zutaten für 2 Portionen:

60 g Kürbis

½ l Wasser

Salz

Pfeffer (schwarz)

1 TL Kürbiskernöl

½ EL Maisstärke

1 EL Sauerrahm/saure Sahne

Kürbiskerne

Zubereitung:

Kürbiswürfel im Wasser mit den Gewürzen weich dünsten, Öl zugeben, Suppe pürieren und mit Maisstärke binden. Mit Kürbiskernen und Sauerrahm garnieren.

Nährwerte pro Portion:

Energie	Fett	Kohlenhydrate	Eiweiß
60 kcal	4 g	4 g	2 g

TOMATENSUPPE

Zutaten für 2 Portionen:

6 Tomaten

3 EL Tomatenmark

Salz

Pfeffer (weiß)

½ l Wasser

Basilikum (frisch)

1 EL Maisstärke

Zubereitung:

Tomaten schälen, entkernen, Tomatenmark, etwas Salz und Pfeffer hinzufügen; alles gemeinsam in ½ l Wasser kochen, danach Basilikumblätter dazugeben und mit einem Stabmixer pürieren. Die Maisstärke mit ca. 4 EL Wasser vermischen (um Klümpchenbildung zu vermeiden), danach in die Suppe rühren und kurz aufkochen.

Nährwerte pro Portion:

Energie	Fett	Kohlenhydrate	Eiweiß
40 kcal	–	7 g	2 g

KARTOFFELCREMESUPPE

Zutaten für 2 Portionen:

100 g Kartoffeln

400 ml Wasser

Kümmel

Salz

Pfeffer (schwarz)

Majoran

2 EL Sauerrahm/saure Sahne

1 EL Weizenmehl

Zubereitung:

Kartoffeln schälen, schneiden und im Wasser zusammen mit den Gewürzen kochen, danach mit einem Stabmixer pürieren. Sauerrahm mit dem Mehl verrühren, anschließend in die Suppe geben und kurz aufkochen lassen.

Nährwerte pro Portion:

Energie	Fett	Kohlenhydrate	Eiweiß
76 kcal	2 g	12 g	2 g

ZWIEBELSUPPE

Zutaten für 2 Portionen:

2 Zwiebeln

1 EL Rapsöl

½ l Wasser

Majoran

Salz

Pfeffer (schwarz)

Zubereitung:

Die Zwiebeln in Ringe schneiden und im Öl anbraten, mit Wasser aufgießen und zusammen mit den Gewürzen kochen.

Nährwerte pro Portion:

Energie	Fett	Kohlenhydrate	Eiweiß
50 kcal	4 g	3 g	2 g

KERBELSUPPE

Zutaten für 2 Portionen:

500 ml Wasser

Kerbel (frisch)

Salz

Pfeffer (schwarz)

Muskatnuss

Lorbeerblatt

Wacholderbeere

1 EL Sauerrahm/saure Sahne

1 EL Maisstärke

Zubereitung:

Kräuter und Gewürze im Wasser kochen, danach die Wacholderbeeren und das Lorbeerblatt herausnehmen. Sauerrahm mit der Stärke verrühren, anschließend in die Suppe geben und kurz aufwallen lassen.

Nährwerte pro Portion:

Energie	Fett	Kohlenhydrate	Eiweiß
51 kcal	3 g	6 g	1 g

KRESSERAHMSUPPE

Zutaten für 2 Portionen:

500 ml Wasser

2 EL Kresse (frisch)

Salz

Wacholderbeeren

Lorbeerblatt

Muskatnuss

1 EL Sauerrahm/saure Sahne

½ EL Maisstärke

Zubereitung:

Einen Teil der Kresse und die Gewürze im Wasser kochen, danach die Wacholderbeeren und das Lorbeerblatt herausnehmen. Den Sauerrahm mit der Stärke verrühren; anschließend in die Suppe geben und kurz aufwallen lassen, danach die restliche Kresse dazugeben.

Nährwerte pro Portion:

Energie	Fett	Kohlenhydrate	Eiweiß
43 kcal	2 g	4 g	2 g

SELLERIESUPPE

Zutaten für 2 Portionen:

½ l Wasser

60 g Knollensellerie

1 EL Maisstärke

Salz

Pfeffer (schwarz)

Muskatnuss

Zubereitung:

Alle Zutaten im Wasser weich kochen, danach mit einem Stabmixer pürieren.

Nährwerte pro Portion:

Energie	Fett	Kohlenhydrate	Eiweiß
23 kcal	–	5 g	–

38

KLARE LINSENSUPPE

Zutaten für 2 Portionen:

½ Zwiebel

1 Zehe Knoblauch

1 EL Olivenöl

400 ml Wasser

50 g Linsen

40 g Karotten/Möhren

20 g Sellerie

5 Cocktailtomaten

40 g Lauch/Porree

40 g Kartoffeln

Zitronenschale

Zitronensaft

Pfeffer (schwarz)

Liebstöckel

Salz

Zubereitung:

Zwiebel und Knoblauch im Olivenöl anbraten, anschließend mit Wasser aufgießen. Linsen dazugeben und kochen, bis sie beinahe zerfallen. Gewürfeltes Gemüse, die halbierten Cocktailtomaten, Lauch und gewürfelte Kartoffeln dazugeben. Bissfest kochen. Mit der Zitronenschale, dem Zitronensaft, Pfeffer, Liebstöckel und Salz abschmecken.

Hinweis: Linsen sind ein selenreiches Gemüse.

Nährwerte pro Portion:

Energie	Fett	Kohlenhydrate	Eiweiß
149 kcal	6 g	17 g	7 g

KOHLRABICREMESUPPE

Zutaten für 2 Portionen:

2 EL Weizenmehl

1 EL Maiskeimöl

400 ml Wasser

100 g Kohlrabi

Salz

Pfeffer (schwarz)

Chili (Cayennepfeffer)

Muskatnuss

2 EL Sauerrahm/saure Sahne

Zubereitung:

Mehl im Öl kurz anrösten und mit Wasser aufgießen. Den gewürfelten Kohlrabi dazugeben und weich kochen, anschließend pürieren, würzen und mit Sauerrahm abschmecken.

Nährwerte pro Portion:

Energie	Fett	Kohlenhydrate	Eiweiß
122 kcal	7 g	11 g	3 g

VENEZIANISCHE GEMÜSESUPPE J– 📷

Zutaten für 2 Portionen:

½ Zwiebel

40 g Lauch/Porree

10 g Speck

1 EL Rapsöl

4 TL Tomatenmark

½ l Wasser oder Rindsuppe

100 g Gemüsemischung
nach Wahl

50 g Blattspinat

Salz

Pfeffer (schwarz)

Oregano

Basilikum

Zubereitung:

Zwiebel, Lauch und gewürfelten Speck im Öl anrösten, Tomatenmark dazugeben und mitrösten. Mit Rindsuppe aufgießen; Gemüsemischung, Blattspinat und Gewürze dazugeben und kochen.

Tipp: Die Rindsuppe kann wie ein Fleischfond hergestellt werden (Zubereitung siehe S. 33) oder man kocht Rindfleisch, Rinderknochen und Wurzelgemüse gemeinsam auf. Statt Rindsuppe kann auch Wasser verwendet werden.

Nährwerte pro Portion:

Energie	Fett	Kohlenhydrate	Eiweiß
100 kcal	6 g	6 g	5 g

MINESTRONE J–

Zutaten für 2 Portionen:

80 g Mischgemüse
(Paprika, Zucchini)

2 Tomaten

40 g Weißkohl/Weißkraut

Rosmarinzweige

500 ml Wasser

Basilikum

Oregano

Salz

Pfeffer (schwarz)

Zubereitung:

Paprika und Zucchini fein schneiden. Die Tomaten einige Male durchschneiden. Den Weißkohl in feine Streifen schneiden. Das Gemüse und die Rosmarinzweige im Wasser kochen, danach Kräuter und Gewürze dazugeben. Den Rosmarin wieder entfernen.

Serviertipp: Die Minestrone eventuell vor dem Servieren mit frisch geriebenem Käse bestreuen.

Nährwerte pro Portion:

Energie	Fett	Kohlenhydrate	Eiweiß
25 kcal	1 mg	3 g	1 g

PAPRIKACREMESUPPE

Zutaten für 2 Portionen:

100 g Gemüsepaprika (rot)

1 TL Rapsöl

Paprikapulver (edelsüß)

½ l Gemüsefond oder Wasser

2 Tomaten

Pfeffer (weiß)

Salz

max. 1 TL Zucker

2 EL Sauerrahm/saure Sahne

Basilikum

Zubereitung:

Paprika in feine Würfel schneiden und im Öl kurz anrösten, Paprikapulver dazugeben, anschließend mit Gemüsefond aufgießen. Tomaten grob schneiden und dazugeben, ca. 20 Min. köcheln, pürieren, mit Pfeffer, Salz und einer Prise Zucker würzen und abschmecken, danach den Sauerrahm einrühren.
Basilikum fein schneiden und die Suppe vor dem Servieren damit bestreuen.

Nährwerte pro Portion:

Energie	Fett	Kohlenhydrate	Eiweiß
82 kcal	5 g	7 g	2 g

LAUCHCREMESUPPE

Zutaten für 2 Portionen:

20 g Lauch/Porree

400 ml Wasser

Salz

Pfeffer (schwarz)

Muskatnuss

Wacholderbeeren

Lorbeerblatt

50 g Kartoffeln

20 g Sauerrahm/saure Sahne

Zubereitung:

Den Lauch in feine Streifen schneiden und mit den Gewürzen im Wasser kochen, danach die Wacholderbeeren und das Lorbeerblatt herausnehmen. Die Kartoffeln schälen, roh in die Suppe reiben und kurz aufkochen. Den Sauerrahm in die Suppe geben und kurz aufwallen lassen. Mit einem Stabmixer pürieren.

Nährwerte pro Portion:

Energie	Fett	Kohlenhydrate	Eiweiß
58 kcal	2 g	7 g	2 g

SPARGELCREMESUPPE

Zutaten für 2 Portionen:

200 g weißer Spargel

½ l Gemüsefond oder Wasser

1 EL Maisstärke

20 g Schlagobers/Sahne

Salz

Pfeffer (schwarz)

Petersilie

Tipp: Die Spargelschalen und -enden können – sofern zeitlich möglich – zum Herstellen des Gemüsefonds verwendet werden. Zur Zubereitung des Gemüsefonds siehe S. 33.

Zubereitung:

Spargel waschen, putzen und schälen, holzige Enden abschneiden. Spargelspitzen abschneiden und gesondert in Salzwasser bissfest kochen.

Den restlichen Spargel klein schneiden, in den Kessel geben, mit Gemüsefond aufgießen und weich kochen, anschließend pürieren. Maisstärke und Sahne verrühren und in die Suppe geben, mit Salz und Pfeffer abschmecken.

Serviertipp: Mit frischer Petersilie und den Spargelspitzen servieren.

Hinweis: Spargel ist ein selenreiches Gemüse.

Nährwerte pro Portion:

Energie	Fett	Kohlenhydrate	Eiweiß
90 kcal	3 g	12 g	3 g

LEGIERTE GRIESSSUPPE

Zutaten für 2 Portionen:

2 EL Weizengrieß

50 g Gemüsemischung

500 ml Wasser

Salz

Pfeffer

Muskatnuss

1 Eigelb

20 ml Vollmilch

Schnittlauch

Zubereitung:

Den Grieß und das Gemüse im Wasser etwa 15 Min. kochen. Mit Salz, Pfeffer und Muskatnuss gut abschmecken. Eigelb mit der Milch verrühren und rasch in die heiße Suppe einrühren, dabei aber nicht mehr kochen lassen. Mit viel Schnittlauch bestreuen und servieren.

Nährwerte pro Portion:

Energie	Fett	Kohlenhydrate	Eiweiß
66 kcal	2 g	8 g	4 g

43

SALATE

BOHNENSALAT

Zutaten für 2 Portionen:

150 g weiße Bohnen (aus der Konserve, gegart, abgetropft)

½ Zwiebel

Salz

Pfeffer

Knoblauchpulver

1 TL Essig

3 EL Wasser

1 TL Rapsöl

Zubereitung:

Die Bohnen gut waschen, die Zwiebel fein schneiden. Alle Zutaten miteinander vermengen, den Salat mindestens ½ Std. rasten lassen.

Nährwerte pro Portion:

Energie	Fett	Kohlenhydrate	Eiweiß
86 kcal	4 g	8 g	4 g

KAROTTENSALAT

Zutaten für 2 Portionen:

200 g Karotten/Möhren

½ Zwiebel

Essig

Sonnenblumenöl

Wasser

Salz

Zucker

Zubereitung:

Karotten fein reiben und mit der fein geschnittenen Zwiebel vermengen. Aus den restlichen Zutaten eine Marinade herstellen und den Salat damit marinieren.

Serviertipp: Eventuell mit einigen filetierten Orangenspalten servieren.

Nährwerte pro Portion:

Energie	Fett	Kohlenhydrate	Eiweiß
60 kcal	3 g	7 g	1 g

GURKENSALAT

Zutaten für 2 Portionen:

150 g Gurke

2 EL Sauerrahm/saure Sahne

Knoblauch

Kümmel

Dill

Pfeffer

Salz

Essig

evtl. Joghurt

Zubereitung:

Gurke mit einem Hobel in feine Scheiben hobeln, mit den restlichen Zutaten vermengen und ziehen lassen. Bei Bedarf kann etwas Joghurt beigemengt werden.

Nährwerte pro Portion:

Energie	Fett	Kohlenhydrate	Eiweiß
33 kcal	2 g	2 g	1 g

CHINAKOHL MIT ÄPFELN

Zutaten für 2 Portionen:

200 g Chinakohl

½ Zwiebel

½ Apfel

½ TL Zucker

Salz

Essig

1 TL Rapsöl

Zubereitung:

Chinakohl und Zwiebel fein schneiden, den Apfel raspeln. Alle Zutaten miteinander vermengen, mit Öl und Gewürzen verfeinern, den Salat mindestens ½ Std. rasten lassen.

Nährwerte pro Portion:

Energie	Fett	Kohlenhydrate	Eiweiß
57 kcal	3 g	6 g	1 g

TOMATEN-PAPRIKA-SALAT

Zutaten für 2 Portionen:

5 Tomaten (frisch)

½ Gemüsepaprika (grün)

½ Zwiebel

Weinessig

Olivenöl

Wasser

Zubereitung:

Die Tomaten in Scheiben schneiden, Paprika und Zwiebel in Streifen schneiden. Alle Zutaten miteinander vermengen.

Nährwerte pro Portion:

Energie	Fett	Kohlenhydrate	Eiweiß
75 kcal	5 g	6 g	2 g

COUSCOUS-SALAT

Zutaten für 2 Portionen:

120 g Couscous

2 Tomaten

1 Gemüsepaprika

2 EL Petersilie

1 EL Zitronensaft

1 EL Olivenöl

Zubereitung:

Couscous nach Packungsangaben zubereiten. Tomaten überbrühen, schälen, in kleine Stücke schneiden, Saft und Kerne entfernen. Den Paprika in feine Streifen schneiden. Petersilie fein hacken, zusammen mit dem Couscous, dem Paprika und den Tomaten in eine Schüssel geben. Mit Olivenöl und Zitronensaft abschmecken. Den Salat mindestens 2 Std. im Kühlschrank ziehen lassen.

Nährwerte pro Portion:

Energie	Fett	Kohlenhydrate	Eiweiß
280 kcal	6 g	48 g	7 g

KRAUTSALAT

Zutaten für 2 Portionen:

200 g Weißkohl/Weißkraut

1 TL Sonnenblumenöl

Essig

Salz

Pfeffer

Kümmel

Kurkuma

Zubereitung:

Das Kraut mit einem Küchenhobel in feine Streifen hobeln oder schneiden. Aus den restlichen Zutaten eine Marinade herstellen und gut unter das Kraut mischen. Den Salat 2 Std. rasten lassen.

Nährwerte pro Portion:

Energie	Fett	Kohlenhydrate	Eiweiß
50 kcal	3 g	5 g	2 g

MAISSALAT

Zutaten für 2 Portionen:

250 g Zuckermais
(aus der Konserve, abgetropft)

1 Zwiebel

Essig

Rapsöl

Wasser

Zubereitung:

Den Mais gut waschen, die Zwiebel fein schneiden. Alle Zutaten miteinander vermengen, den Salat mindestens ½ Std. rasten lassen.

Nährwerte pro Portion:

Energie	Fett	Kohlenhydrate	Eiweiß
125 kcal	4 g	17 g	4 g

47

SELLERIESALAT

Zutaten für 2 Portionen:

50 g Knollensellerie

1 Apfel (oder 1 Birne)

25 g Ananas

50 g Joghurt

Zitronensaft

Zucker

Ananassaft

Zubereitung:

Den Sellerie und den Apfel (bzw. die Birne) mit einer Gemüsereibe in feine Streifen reiben, die Ananas in Würfel schneiden. Alle Zutaten vermengen. Den Salat etwa 1 Std. rasten lassen.

Nährwerte pro Portion:

Energie	Fett	Kohlenhydrate	Eiweiß
86 kcal	1 g	16 g	1 g

FISOLENSALAT

Zutaten für 2 Portionen:

150 g Fisolen
(grüne Bohnen, frisch)

⅛ l Wasser

1 Zwiebel

1 TL Sonnenblumenöl

1 TL Senf

1 EL Essig

Zubereitung:

Die Fisolen in ca. 2 cm lange Stücke schneiden und in Wasser bissfest kochen. Die Zwiebel in kleine Würfel schneiden, zusammen mit den Fisolen und den restlichen Zutaten in einer Schüssel vermengen.

Nährwerte pro Portion:

Energie	Fett	Kohlenhydrate	Eiweiß
55 kcal	3 g	5 g	2 g

49

KLEINE SPEISEN

DOMINOBROT J–

Zutaten für 2 Portionen:

80 g Weißbrot

80 g Graubrot

10 g Butter

60 g Goudakäse

60 g Schinken

Kresse

Zubereitung:

Dünne Brotscheiben mit Butter bestreichen, mit Käse und Schinken belegen, mit Kresse bestreuen. Jeweils vier Scheiben aufeinandersetzen und in kleine Vierecke schneiden.

Nährwerte pro Portion:

Energie	Fett	Kohlenhydrate	Eiweiß
377 kcal	16 g	37 g	22 g

GEFLÜGELSALAT AUF TOASTBROT J–

Zutaten für 2 Portionen:

½ Karotte/Möhre

80 g Hähnchen-Brustfilet

Zitronensaft

Pfeffer

1 Ei (hart gekocht)

1 TL Mayonnaise

2 Scheiben Weißbrot-Toastbrot

Petersilie

Zubereitung:

Karotte in feine Streifen und Brustfilet in etwas dickere Streifen schneiden, beides kochen; danach das Brustfilet mit Zitronensaft und Pfeffer würzen, einziehen lassen. Das Ei in kleine Würfel schneiden und mit den anderen Zutaten vermengen.
Mit etwas Petersilie auf Toastbrot servieren.

Nährwerte pro Portion:

Energie	Fett	Kohlenhydrate	Eiweiß
190 kcal	8 g	13 g	15 g

TOMATENAUFSTRICH J–

Zutaten für 2 Portionen:

100 g Frischkäse

1 Tomate

Pfeffer

Basilikum

Zubereitung:

Alle Zutaten fein schneiden und vermengen.

Nährwerte pro Portion:

Energie	Fett	Kohlenhydrate	Eiweiß
174 kcal	16 g	2 g	6 g

SCHINKENAUFSTRICH J–

Zutaten für 2 Portionen:

3 EL Topfen/Quark (mager)

2 EL Frischkäse

20 g Schinken (gekocht)

1 Gewürzgurke

1 Tomate

1 Ei (hart gekocht)

Knoblauch

Muskatnuss

Kümmel

Pfeffer

Petersilie

Schnittlauch

Liebstöckel

Zubereitung:

Alle Zutaten fein schneiden und vermengen.

Nährwerte pro Portion:

Energie	Fett	Kohlenhydrate	Eiweiß
100 kcal	6 g	2 g	10 g

GRIECHISCHER SALAT J–

Zutaten für 2 Portionen:

1 Kopfsalat

160 g Gurke

200 g Tomaten

1 Zwiebel

80 g (ca. 25 Stk.) Oliven (schwarz)

100 g Fetakäse

1 EL Essig

1 EL Olivenöl

Salz

Pfeffer

Petersilie

Zubereitung:

Salatblätter klein zupfen und in eine Schüssel geben. Gurke in Scheiben schneiden und dazugeben. Tomaten und Zwiebel schneiden und hinzufügen. Oliven dazugeben und gut durchheben. Fetakäse in Würfel schneiden und zum Salat geben. Essig, Öl und Gewürze in einer kleinen Schüssel verschlagen, danach über den Salat geben und gut durchmischen.

Nährwerte pro Portion:

Energie	Fett	Kohlenhydrate	Eiweiß
250 kcal	20 g	6 g	11 g

NUDELSALAT MIT FISOLEN

Zutaten für 2 Portionen:

100 g Vollkornteigwaren

120 g Fisolen/grüne Bohnen (frisch)

3 Tomaten

50 g Schinken

½ Frühlingszwiebel

100 g Kichererbsen (aus der Konserve)

⅛ l Tomatensaft

1 EL Weinessig

Kümmel

Koriander (frisch)

Salz

Pfeffer (schwarz)

Zubereitung:

Teigwaren al dente (bissfest) kochen. Fisolen halbieren und im sprudelnden Wasser 5 Min. kochen, danach warm stellen. Schinken kleinwürfelig schneiden und kurz anrösten, danach unter die Bohnen mischen. Tomaten halbieren, geschnittene Frühlingszwiebel und gewaschene Kichererbsen mit den Kräutern und Gewürzen vermengen, danach mit den restlichen Zutaten mischen. Warm oder kalt servieren.

Nährwerte pro Portion:

Energie	Fett	Kohlenhydrate	Eiweiß
316 kcal	5 g	45 g	20 g

RINDFLEISCHSALAT

Zutaten für 2 Portionen:

100 g Rindfleisch

1 Zwiebel

5 Gewürzgurken

1 Tomate

2 TL Senf

4 EL Trinkwasser

1 EL Essig

1 EL Sonnenblumenöl

Pfeffer

Zubereitung:

Das Fleisch mit sehr wenig Öl anrösten, danach alle Zutaten in kleine Würfel schneiden, vermengen und Gewürze hinzufügen.

Nährwerte pro Portion:

Energie	Fett	Kohlenhydrate	Eiweiß
170 kcal	10 g	4 g	15 g

53

GEFLÜGELSANDWICHES

Zutaten für 2 Portionen:

100 g Pute oder Truthahn (gegart)

20 g Knollensellerie

½ Gemüsepaprika (grün)

Basilikum

Pfeffer

3 EL Sauerrahm/saure Sahne

4 Blatt Kopfsalat

2 TL Butter

4 Scheiben Weißbrot-Toastbrot

Zubereitung:

Truthahnfleisch und Sellerie kleinwürfelig schneiden und kochen, danach zusammen mit dem Paprika und dem Basilikum sehr fein schneiden. Pfeffer und Sauerrahm dazugeben und gut vermengen.
Die Brote mit Butter und dem Truthahnaufstrich bestreichen, mit Salatblättern servieren.

Nährwerte pro Portion:

Energie	Fett	Kohlenhydrate	Eiweiß
324 kcal	16 g	25 g	18 g

THUNFISCHAUFSTRICH

Zutaten für 2 Portionen:

30 g Thunfisch (aus der Konserve, abgetropft)

20 g Karotten/Möhren

20 g Gemüsepaprika (grün, frisch)

2 EL Sauerrahm/saure Sahne

Pfeffer

Zubereitung:

Alle Zutaten fein schneiden und vermengen.

Nährwerte pro Portion:

Energie	Fett	Kohlenhydrate	Eiweiß
54 kcal	4 g	1 g	4 g

DIPS UND SAUCEN

DILLRAHMSAUCE

Zutaten für 2 Portionen:

50 g Sauerrahm/saure Sahne

100 g Joghurt (mager)

1 EL Weizenmehl

1 TL Sonnenblumenöl

Pfeffer (schwarz)

Dill (frisch)

1 TL Senf

Zubereitung:

Mehl in heißem Fett kurz anschwitzen. Sauerrahm, Joghurt, Gewürze, Senf und Dill unterrühren und kurz aufkochen (bei Bedarf etwas klare Suppe unterrühren – siehe dazu die Anleitung für die Zubereitung eines Gemüsefonds auf S. 33).

Tipp: Diese Sauce passt besonders gut zu Fischgerichten (siehe ab S. 75).

Nährwerte pro Portion:

Energie	Fett	Kohlenhydrate	Eiweiß
100 kcal	6 g	7 g	3 g

KERBELRAHM

Zutaten für 2 Portionen:

50 g Joghurt

50 g Sauerrahm/saure Sahne

Kerbel (frisch)

Pfeffer

Zubereitung:

Alle Zutaten miteinander vermengen.

Tipp: Kerbelrahm passt besonders gut zu Geflügel und Fisch.

Nährwerte pro Portion:

Energie	Fett	Kohlenhydrate	Eiweiß
58 kcal	5 g	2 g	2 g

55

KRÄUTERDIP

Zutaten für 2 Portionen:

Knoblauch

Kräutermischung

50 g Topfen/Quark (mager)

40 g Sauerrahm/saure Sahne

Pfeffer

Zitronensaft

Zubereitung:

Topfen mit Sauerrahm, Kräutern, Pfeffer, Knoblauch und Zitronensaft verrühren.

Nährwerte pro Portion:

Energie	Fett	Kohlenhydrate	Eiweiß
55 kcal	3 g	3 g	4 g

PAPRIKACREME

Zutaten für 2 Portionen:

½ Zwiebel

50 g Gemüsepaprika (rot)

Paprikapulver (edelsüß)

40 g Schlagobers/Sahne

Zubereitung:

Zwiebel fein hacken und sautieren (d. h. unter großer Hitze und sehr geringer Fettzugabe kurz anrösten), mit dem Paprikapulver bestreuen. Den Gemüsepaprika kleinwürfelig schneiden und dazugeben, mit Sahne aufgießen und mixen.

Tipp: Paprikacreme passt besonders gut zu Geflügel und pikantem Körnerschmarren (siehe S. 73) oder zu den Faschierten Laibchen/Frikadellen (siehe S. 81).

Nährwerte pro Portion:

Energie	Fett	Kohlenhydrate	Eiweiß
83 kcal	7 g	3 g	1 g

KÜMMELSAUCE

Zutaten für 2 Portionen:

1 EL Butter

1 EL Weizenmehl

5 EL (80 ml) Vollmilch

50 g Schlagobers/Sahne

Kümmel

Zubereitung:

Butter und Mehl anrösten, die restlichen Zutaten dazugeben und alles aufkochen.

Tipp: Kümmelsauce passt besonders gut zu vegetarischen Gerichten und Krautgerichten, z. B. zum Krautsalat (siehe S. 47) oder Krautstrudel (siehe S. 71).

Nährwerte pro Portion:

Energie	Fett	Kohlenhydrate	Eiweiß
156 kcal	15 g	4 g	2 g

SALBEISAUCE

Zutaten für 2 Portionen:

1 TL Weizenmehl

$\frac{1}{16}$ l Wasser

40 g Schlagobers/Sahne

3–4 Blätter Salbei (frisch)

Pfeffer (weiß)

Zubereitung:

Wasser, Pfeffer und ein fein gehacktes Salbeiblatt aufkochen, mit Mehl binden, mit Sahne verfeinern. Vor dem Anrichten den restlichen, in feine Streifen geschnittenen Salbei dazugeben.

Tipp: Salbeisauce passt besonders gut zu Kalbfleisch und Wild oder zu den Gemüselaibchen (siehe S. 66).

Nährwerte pro Portion:

Energie	Fett	Kohlenhydrate	Eiweiß
80 kcal	7 g	3 g	1 g

58

BEILAGEN

GEMÜSECOUSCOUS J−

Zutaten für 2 Portionen:

60 g Couscous

⅛ l Wasser

50 g Erbsen

1 Tomate

½ Gemüsepaprika (grün)

½ Zucchini

½ Zwiebel

Schnittlauch

Koriander

Kerbel

Ingwerpulver

Salz

Pfeffer (weiß)

1 EL Olivenöl

Zubereitung:

Etwas Olivenöl und etwas Salz im Wasser kurz aufwallen lassen. Couscous einrühren und quellen lassen. Zucchini, Zwiebel und Paprika sehr klein schneiden und mit den Erbsen im restlichen Olivenöl anschwitzen, danach Tomaten dazugeben. Kräuter hinzufügen, danach mit dem Couscous vermengen.

Nährwerte pro Portion:

Energie	Fett	Kohlenhydrate	Eiweiß
180 kcal	6 g	27 g	5 g

ÜBERBACKENE POLENTA J−

Zutaten für 2 Portionen:

½ l Wasser

100 g Maisgrieß/Polenta

2 EL Sauerrahm/saure Sahne

20 g Käse

1 TL Suppenwürze

Pfeffer (weiß)

Muskatnuss

Thymian

Rosmarin

Salz

Zubereitung:

Wasser mit der vegetarischen Suppenwürze aufkochen, Polenta einrühren und mit Salz, Pfeffer und geriebener Muskatnuss würzen. Bei schwacher Hitze köcheln, bis ein dicker Brei entsteht, kurz ziehen lassen und mit Sauerrahm abrühren.
In einer Form verteilen, mit Thymian, Rosmarin sowie dem geriebenen Käse bestreuen und etwa 15 Min. bei 180° C backen.

Nährwerte pro Portion:

Energie	Fett	Kohlenhydrate	Eiweiß
252 kcal	6 g	39 g	9 g

GRÜNKERNKNÖDEL

Zutaten für 2 Portionen:

1 Zwiebel

1 EL Rapsöl

100 g Grünkernschrot

1 Zehe Knoblauch

1 Ei

2 EL Grünkernmehl

⅛ l Wasser

Petersilie

Thymian

Muskatnuss

Pfeffer (schwarz)

Salz

Zubereitung:

Zwiebel fein würfeln und im Öl glasig dünsten. Grünkernschrot dazugeben und unter ständigem Rühren etwa 3 Min. rösten. Knoblauch pressen und dazugeben, danach mit Wasser aufgießen. Kurz aufkochen lassen und etwa 15 Min. bei mittlerer Hitze quellen lassen, anschließend abkühlen lassen.

Zur abgekühlten Masse Ei, Petersilie, Thymian und Mehl unterheben. Mit Muskatnuss, Salz und Pfeffer abschmecken. Daraus Knödel bzw. Klöße formen und diese etwa 10 Min. in Salzwasser kochen.

Tipp: Grünkernknödel können auch als Hauptspeise mit einer Kräutersauce serviert werden (siehe „Dips und Saucen" ab S. 55).

Nährwerte pro Portion:

Energie	Fett	Kohlenhydrate	Eiweiß
300 kcal	10 g	42 g	11 g

THYMIANHIRSE

Zutaten für 2 Portionen:

100 g Hirse

ca. 1 l Wasser

Thymian

Muskatnuss

Salz

Zubereitung:

Hirse mit Wasser und Gewürzen weich kochen. Thymian dazugeben.

Tipp: Thymianhirse passt besonders gut zu Lamm, z. B. Lammrücken.

Nährwerte pro Portion:

Energie	Fett	Kohlenhydrate	Eiweiß
180 kcal	2 g	35 g	5 g

60

ROSMARIN-POLENTA-PÜREE

Zutaten für 2 Portionen:

50 g Maisgrieß/Polenta

300 ml Wasser

Salz

Muskatnuss

2 TL Butter

Rosmarin

Zubereitung:

Butter und Gewürze im Wasser aufkochen, Polenta einrühren und aufquellen lassen.

Nährwerte pro Portion:

Energie	Fett	Kohlenhydrate	Eiweiß
127 kcal	5 g	19 g	2 g

ZITRONEN-OBERS-NUDELN

Zutaten für 2 Portionen:

⅛ l Milch

20 g Schlagobers/Sahne

⅛ l Wasser

1 TL Weizenmehl

100 g Teigwaren

Zitronensaft

Petersilie

Salz

Pfeffer

Muskatnuss

Zubereitung:

Milch, Sahne und Wasser aufkochen, Gewürze beimengen, das Mehl einsieben, nochmals aufkochen und mit Zitronensaft abschmecken. Nudeln kochen und mit der Sauce vermengen.

Tipp: Die Nudeln passen besonders gut zu vegetarischen Gerichten, wie z. B. Karfiollaibchen (siehe S. 65).

Nährwerte pro Portion:

Energie	Fett	Kohlenhydrate	Eiweiß
245 kcal	6 g	39 g	8 g

SERVIETTENKNÖDEL

Zutaten für 2 Portionen:

1 Ei

150 ml Milch

2 Semmeln/Brötchen

1 TL Rapsöl

Salz

Muskatnuss

Petersilie

Zubereitung:

Eier mit Milch und Öl verrühren. Würfelig geschnittene Semmeln dazugeben, ziehen lassen und mit den Gewürzen abschmecken. Masse in ein Küchentuch einrollen, zubinden und 20 Min. in Salzwasser kochen.

Nährwerte pro Portion:

Energie	Fett	Kohlenhydrate	Eiweiß
222 kcal	8 g	30 g	9 g

RATATOUILLE

Zutaten für 2 Portionen:

200 g Zucchini

100 g Auberginen

60 g Gemüsepaprika
(grün, frisch)

60 g Gemüsepaprika
(rot, frisch)

Tomaten

½ Zwiebel

1 EL Sonnenblumenöl

Wasser

Knoblauch

Thymian

Salz

Pfeffer (schwarz)

Zubereitung:
Paprika in Streifen, Zucchini und Auberginen in Scheiben schneiden, Knoblauch und Zwiebel in Würfel schneiden; alles zusammen in Sonnenblumenöl anrösten. Tomatenwürfel und etwas Wasser dazugeben, würzen und dünsten.

Nährwerte pro Portion:

Energie	Fett	Kohlenhydrate	Eiweiß
100 kcal	5 g	8 g	4 g

PREISELBEERSCHMARREN

Zutaten für 2 Portionen:

100 g Maisgrieß/Polenta

40 g Preiselbeeren

Gemüsefond oder Wasser

Muskatnuss

1 Ei

1 EL Sonnenblumenöl

Zubereitung:
Den Maisgrieß im Gemüsefond aufquellen lassen, danach würzen, dann das Eigelb und die Preiselbeeren dazugeben. Das Eiweiß zu einem Schnee schlagen und unter die Masse heben. Die Masse in einer beschichteten Pfanne im Öl langsam anbraten.

Nährwerte pro Portion:

Energie	Fett	Kohlenhydrate	Eiweiß
256 kcal	7 g	41 g	7 g

SEMMELKNÖDEL

Zutaten für 2 Portionen:

$\frac{1}{16}$ l Milch

1 Ei

1 Zwiebel

1 EL Rüböl/Rapsöl

120 g Semmelwürfel/
Knödelbrot/Weißbrotwürfel

4 EL Weizenmehl

Petersilie

Salz

Pfeffer (schwarz)

Majoran

Koriander

Kümmel

Knoblauch

Zubereitung:

Milch und Ei miteinander vermengen. Gewürze und gehackte Kräuter sowie die fein geschnittene, in Öl geröstete Zwiebel hinzufügen. Knödelbrot dazugeben und ziehen lassen, danach das Mehl untermischen. Die Masse gut durchmengen, daraus Knödel bzw. Klöße formen und ca. 10 Min. in Wasser kochen.

Nährwerte pro Portion:

Energie	Fett	Kohlenhydrate	Eiweiß
310 kcal	7 g	49 g	11 g

64

HAUPTSPEISEN VEGETARISCH

ASIATISCHES GEMÜSEGRÖSTL MIT TOFU UND KORIANDER

Zutaten für 2 Portionen:

300 g Kartoffeln
(geschält, frisch)

100 g Tofu (geräuchert)

160 g Lauch/Porree

1–2 Karotten/Möhren (frisch)

1 EL Olivenöl

3 EL Sojasauce

1 TL Sesamöl

80 g Sojasprossen

4 TL Koriander (frisch)

3 Zehen Knoblauch

Salz

Pfeffer (weiß)

Zubereitung:

Die Kartoffeln bissfest kochen, danach in Würfel schneiden. Den Tofu ebenfalls in Würfel schneiden. Den Lauch in feine Streifen, die Karotten in grobe Streifen schneiden, den Knoblauch in feine Blätter schneiden. Kartoffeln, Tofu, Karotten, Knoblauch und Lauch in heißem Olivenöl kurz anbraten, mit Sojasauce und Sesamöl ablöschen, mit Salz und Pfeffer abschmecken.

Das Gröstl auf einem Teller anrichten, mit gehacktem Koriander und Sojasprossen bestreuen und servieren.

Nährwerte pro Portion:

Energie	Fett	Kohlenhydrate	Eiweiß
335 kcal	14 g	33 g	18 g

KARFIOLLAIBCHEN

Zutaten für 2 Portionen:

80 g Dinkelreis

400 g Karfiol/Blumenkohl

1 Ei

Petersilie

60 g Hartkäse

Salz

Pfeffer (schwarz)

1 EL Rapsöl

Zubereitung:

Dinkelreis dünsten. Karfiol weich kochen und gut mit dem Reis vermengen. Das Ei dazugeben und mit frischen Kräutern, Salz und Pfeffer würzen, fein geriebenen Käse untermengen. Die Masse zu Laibchen formen und im Öl anbraten.

Tipp: Als Hauptgericht mit Salat und Dip oder als Beilage zu Rindfleischgerichten, z. B. Kalbsschnitzel (siehe S. 83) servieren.

Nährwerte pro Portion:

Energie	Fett	Kohlenhydrate	Eiweiß
375 kcal	15 g	37 g	22 g

GEMÜSELAIBCHEN

Zutaten für 2 Portionen:

50 g Karotten/Möhren
50 g Kohlrabi
50 g Sellerie
50 g Brokkoli
20 g Fenchel
20 g Lauch (Porree)
2 EL Rapsöl
$\frac{1}{8}$ l Wasser
2 EL Couscous
1 Ei
20 g Käse
Pfeffer (schwarz)
Kerbel
Schnittlauch
Petersilie

Zubereitung:

Das Gemüse grob raffeln und im Rapsöl kurz dünsten. Mit Wasser aufgießen und ca. 5 Min. kochen. Couscous unter das kochende Gemüse rühren und auskühlen lassen.

Nach dem Abkühlen Kräuter, geriebenen Käse und das Ei in die Masse rühren.

Anschließend daraus Laibchen bzw. Frikadellen formen und im Backofen bei 200° C backen.

Nährwerte pro Portion:

Energie	Fett	Kohlenhydrate	Eiweiß
220 kcal	15 g	13 g	9 g

GEMÜSEPFANNE MIT GNOCCHI

Zutaten für 2 Portionen:

½ Zwiebel
60 g Karotten/Möhren
60 g Kohlrabi
60 g Zucchini
½ Gemüsepaprika (rot)
100 g Zuckermais (aus der Konserve)
1 EL Rapsöl
2 Tomaten
200 g Gnocchi
$\frac{1}{8}$ l Wasser
Pfeffer (schwarz)
Salz
Petersilie

Zubereitung:

Zwiebel schälen und fein schneiden, Karotten und Kohlrabi schälen und in Würfel schneiden, Zucchini und Paprika waschen und in Würfel schneiden, Mais abtropfen lassen und kurz mit Wasser spülen. In einer Pfanne das Rapsöl erhitzen und die genannten Zutaten andünsten, danach mit dem Wasser ablöschen. Tomaten entkernen, würfeln und zugeben; würzen. Das Ganze ca. 10 Min. bissfest garen.

Gnocchi kochen. Petersilie grob hacken bzw. zerreißen. Zum Servieren Gnocchi und Gemüse mischen und mit der gehackten Petersilie bestreuen.

Nährwerte pro Portion:

Energie	Fett	Kohlenhydrate	Eiweiß
250 kcal	6 g	38 g	8 g

CURRY-REIS-PFANNE

Zutaten für 2 Portionen:

Reis:

140 g Reis (ungeschält)

½ Zwiebel

1 EL Sonnenblumenöl

1 TL Kurkuma

Currypulver

300 ml Wasser

Pilze:

30 g Steinpilze (getrocknet)

Wasser

Tofu & Abschluss:

120 g Tofu

1 EL Sonnenblumenöl

Salz

Pfeffer

30 g Johannisbeeren

Schnittlauch oder Petersilie (frisch)

Zubereitung:

Vollkornreis in eine Schüssel geben, waschen und abtropfen lassen. Zwiebel fein würfeln. Öl erhitzen, Zwiebelwürfel darin mit Kurkuma und Curry andünsten. Reis dazugeben und kurz anbraten. Mit Wasser ablöschen, aufkochen lassen und Reis bei mittlerer Hitze zugedeckt etwa 35 Min. kochen (wenn kein Vollkornreis verwendet wird, geringere Kochzeit beachten). In der Zwischenzeit getrocknete Steinpilze laut Packungsangaben zubereiten (meistens 30 Min. in warmem Wasser einweichen). Tofu in mundgerechte Würfel schneiden. Öl in einer Pfanne erhitzen, Tofu darin anbraten. Fertigen Reis und Steinpilze untermengen. Mit Salz und Pfeffer würzen. Zum Schluss die Johannisbeeren locker untermengen (damit sie nicht zerquetscht werden). Auf dem Teller anrichten und mit fein geschnittenem Schnittlauch oder Petersilie garnieren.

Nährwerte pro Portion:

Energie	Fett	Kohlenhydrate	Eiweiß
416 kcal	12 g	55 g	19 g

KARTOFFEL-GEMÜSE-STRUDEL J-

Zutaten für 10 Portionen:

1 500 g Gemüsemischung

1 000 g Kartoffeln

5 Zwiebeln

4 EL Rapsöl

Küchenkräuter

Salz

Pfeffer (schwarz)

200 g Strudelteig (gezogen)

50 g Butter

Zubereitung:

Gemüse blanchieren. Kartoffeln schälen und in dünne Scheiben schneiden. Zwiebeln würfeln und im Rapsöl anschwitzen, Kartoffeln untermischen und mitrösten. Gemüse und Kräuter dazugeben. Salzen und pfeffern. Strudelblätter mit zerlassener Butter bestreichen und übereinanderlegen, mit der Masse füllen und zu einem Strudel formen. 20 Min. bei 200° C im vorgeheizten Backofen backen.

Nährwerte pro Portion:

Energie	Fett	Kohlenhydrate	Eiweiß
280 kcal	11 g	36 g	8 g

67

FENCHEL MIT PARMESANCREME AUF NUDELNEST

Zutaten für 2 Portionen:

20 g Cashewnüsse

4 EL Sauerrahm/saure Sahne

40 ml Vollmilch

2 EL Parmesan

Salz

Pfeffer (schwarz)

400 g Fenchel (frisch)

Petersilie

160 g Bandnudeln

Zubereitung:

Cashewnüsse, Sauerrahm und Milch im Mixer fein pürieren, den fein geriebenen Parmesan einrühren und mit Salz und Pfeffer abschmecken. Die Fenchelknollen vierteln und bissfest dämpfen, anschließend in Streifen schneiden. Den Fenchel mit Petersilie und den gekochten Nudeln vermischen.
Zum Servieren mit der Parmesancreme übergießen.

Nährwerte pro Portion:

Energie	Fett	Kohlenhydrate	Eiweiß
483 kcal	15 g	65 g	20 g

VEGETARISCHES KÜRBISCHILI

Zutaten für 2 Portionen:

400 g Kürbis

Knoblauch

1 Zwiebel

½ Gemüsepaprika (rot)

1 EL Rapsöl

Chili (rot)

½ l Gemüsefond oder Wasser

Salz

Pfeffer (schwarz)

200 g Tomaten

100 g Kidneybohnen
(aus der Konserve)

50 g Zuckermais

Pinienkerne

Kürbiskerne

Tabasco

Zubereitung:

Kürbis, Knoblauch, Zwiebel und Paprika würfeln und im Öl anrösten. Chilischoten entkernen, fein schneiden und dazugeben. Mit Gemüsefond aufgießen, mit Salz und Pfeffer würzen. Die Tomaten würfeln und dazugeben, zudecken und 20 Min. köcheln. Bohnen und Mais abtropfen, waschen und dazugeben, weitere 5 Min. kochen lassen, Kürbiskerne und Pinienkerne grob hacken und untermischen, mit Tabasco abschmecken.

Serviertipp: Eventuell mit einem Tupfer Sauerrahm und einem Spritzer Kürbiskernöl servieren.

Nährwerte pro Portion:

Energie	Fett	Kohlenhydrate	Eiweiß
231 kcal	10 g	24 g	10 g

FEUERBOHNENEINTOPF

Zutaten für 2 Portionen:

1 Zwiebel

1 EL Rapsöl

200 ml Wasser

200 g Tomaten

½ Gemüsepaprika (grün)

1 Gemüsepaprika (rot)

100 g Kartoffeln (geschält, frisch)

70 g Zuckermais (aus der Konserve)

200 g Kidneybohnen (aus der Konserve)

1 Zehe Knoblauch (frisch)

1 EL Chilisauce (Sambal Oelek)

Chili (rot)

Chili (Cayennepfeffer)

Salz

Pfeffer (schwarz)

Zubereitung:

Zwiebel fein schneiden und im Öl anrösten. Mit Wasser aufgießen, klein geschnittenes Gemüse (Kartoffeln, Tomaten, Paprika) dazugeben und weich kochen. Die gewaschenen Bohnen und den Mais beimengen. Knoblauch, klein geschnittene Chilischoten, Chilisauce und Gewürze hinzufügen und alles aufkochen.

Nährwerte pro Portion:

Energie	Fett	Kohlenhydrate	Eiweiß
258 kcal	7 g	35 g	12 g

KRAUTSTRUDEL

Zutaten für 10 Portionen:

2 500 g Weißkohl/Weißkraut

Wasser (bis Kraut bedeckt ist)

5 Zwiebeln

Salz

Kümmel

Pfeffer (schwarz)

Knoblauch

200 g Strudelteig (gezogen)

1 EL Zucker

Zubereitung:

Das Kraut mit einem Küchenhobel in feine Streifen hobeln oder schneiden, danach in Wasser blanchieren. Zwiebeln würfeln und unter das Kraut mischen. Mit Salz, Kümmel, Pfeffer und Knoblauch würzen. Strudelblätter mit der Masse füllen und einen Strudel formen. 20 Min. bei 200° C im vorgeheizten Backofen backen.

Nährwerte pro Portion:

Energie	Fett	Kohlenhydrate	Eiweiß
153 kcal	2 g	27 g	6 g

GEFÜLLTE MELANZANI

Zutaten für 2 Portionen:

1 Melanzani/Aubergine (frisch)

½ Zwiebel

2 EL Sonnenblumenöl

500 ml Wasser

100 g Mischgemüse

3 EL Hirse

2 EL Frischkäse (mager)

Salz

Pfeffer (schwarz)

Oregano

Basilikum

20 g Käse (mager)

Zubereitung:

Melanzani halbieren und aushöhlen. Gehackte Zwiebel und gehacktes Fruchtfleisch der Melanzani im Öl anrösten, mit Wasser aufgießen; Gemüse und Hirse dazugeben und bissfest kochen. Nach dem Abseihen das Gemüse und die Hirse mit dem Frischkäse und den Gewürzen vermischen, im Anschluss in die halbierten Auberginen füllen. Den Magerkäse reiben und die gefüllten Melanzani damit bestreuen, dann im Backofen bei 200° C ca. 30 Min. backen.

Nährwerte pro Portion:

Energie	Fett	Kohlenhydrate	Eiweiß
250 kcal	13 g	23 g	10 g

PIKANTER KÖRNERSCHMARREN J-

Zutaten für 2 Portionen:

1 Frühlingszwiebel

140 g Fenchel (frisch)

40 g Weizenkeime

40 g Hirse

20 g Sonnenblumenkerne

160 g Topfen/Quark (mager)

80 g Vollkornmehl

⅛ l Wasser

Salz

Pfeffer (schwarz)

Muskatnuss

50 g Käse

Zubereitung:

Frühlingszwiebel in Ringe schneiden, Fenchel in Würfel schneiden. Alle Zutaten (außer Käse) miteinander vermengen und wie einen Kaiserschmarren ausbacken.

Beim Servieren mit dem geriebenen Käse bestreuen.

Nährwerte pro Portion:

Energie	Fett	Kohlenhydrate	Eiweiß
496 kcal	16 g	53 g	33 g

HAUPTSPEISEN MIT FISCH

FISCHGULASCH

Zutaten für 2 Portionen:

250 g Rotbarsch (tiefgefroren)

Zitronensaft

Paprikapulver (edelsüß)

1 Zwiebel

1 Zehe Knoblauch (frisch)

Petersilie

Estragon

Dill

Kerbel

Zitronenschale

2 EL Olivenöl

2 TL Tomatenmark

Wasser

Pfeffer

Zubereitung:

Den Fisch in mundgerechte Würfel schneiden, mit Zitronensaft beträufeln und mit Paprika bestreuen. Zwiebel, Knoblauch und Kräuter fein hacken und mit der geriebenen Zitronenschale im Öl anrösten, das Tomatenmark dazugeben, die Fischstücke hinzufügen, mit Wasser auffüllen, mit etwas Pfeffer abschmecken und zugedeckt dünsten.

Nährwerte pro Portion:

Energie	Fett	Kohlenhydrate	Eiweiß
260 kcal	17 g	4 g	24 g

FISCHFILET MIT KRÄUTERKRUSTE J+

Zutaten für 2 Portionen:

300 g Rotbarsch (tiefgefroren)

Dill (frisch)

Zitronensaft

Kruste:

2 Eiweiß

3 EL Parmesan

1 EL Semmelbrösel/Paniermehl

Kräutermischung

2 EL Wasser

Zubereitung:

Die Fischfilets mit Dill und Zitronensaft einreiben und anschließend kurz bei großer Hitze anbraten.
Für die Kruste Eiweiß schaumig schlagen, Parmesan reiben und zusammen mit den Kräutern und dem Paniermehl unterheben, bei Bedarf Wasser hinzufügen. Fisch mit der Masse bestreichen und im Backofen braten.

Nährwerte pro Portion:

Energie	Fett	Kohlenhydrate	Eiweiß
265 kcal	10 g	4 g	37 g

GRATINIERTER SEELACHS MIT KÜRBIS UND ZUCCHINI

Zutaten für 2 Portionen:

100 g Zucchini

100 g Kürbis

1 EL Rapsöl

300 g Seelachs

Zitronensaft

2 TL Senf

3 EL Semmelbrösel/Paniermehl

Knoblauch

1 TL Tomatenmark

1 Tomate

⅛ l Wasser

1 EL Olivenöl

20 g Käse

Küchenkräuter

Zubereitung:

Zucchini und Kürbis in kleine Würfel schneiden und kochen, danach auf einer mit Rapsöl gefetteten Form verteilen. Den Fisch mit Zitronensaft säuern, danach mit Senf bestreichen.

Paniermehl, Knoblauch, Tomatenmark, die geschälte und entkernte Tomate, Wasser, Olivenöl, geriebenen Käse und Kräuter miteinander vermengen, danach über den Fisch verteilen. Den Fisch auf den Kürbis- und Zucchiniwürfeln platzieren und im Backofen bei 200° C überbacken.

Nährwerte pro Portion:

Energie	Fett	Kohlenhydrate	Eiweiß
350 kcal	15 g	16 g	40 g

LACHS IN SOJASAUCE MIT GLASIERTEN ZWIEBELN

Zutaten für 2 Portionen:

4 Zwiebeln

240 g Lachs

1 EL Erdnussöl

160 g Sojasprossen

Sojasauce

etwas Chili (rot)

etwas Ingwerknoile

Sesam (geröstet)

Zubereitung:

Die Zwiebeln blättrig schneiden. Den Lachs in Erdnussöl anbraten, die Zwiebeln dazugeben und Farbe nehmen lassen. Den Lachs nach etwa 4 Min. wenden, die angebratenen Zwiebeln auf einer Pfannenseite zusammenschieben und die gewaschenen Sojasprossen dazugeben.

Lachs und Gemüse mit der Sojasauce ablöschen, klein geschnittenen Ingwer und Chili dazugeben, noch mal aufkochen lassen.

Zum Servieren den Lachs auf die Zwiebeln und Sojasprossen legen und mit gerösteten Sesamkörnern bestreuen.

Nährwerte pro Portion:

Energie	Fett	Kohlenhydrate	Eiweiß
318 kcal	17 g	10 g	30 g

SCHOLLE IN KRÄUTER-WALNUSS-KRUSTE

Zutaten für 2 Portionen:

250 g Scholle

Zitronensaft

Salz

Pfeffer (weiß)

100 g Käse (mager)

2 EL Semmelbrösel/Paniermehl

40 g Walnüsse

Petersilie

Schnittlauch

Dill

Thymian

Pfeffer (schwarz)

Salz

1 EL Rapsöl

Zubereitung:

Die Fischfilets mit Zitronensaft säuern, salzen und pfeffern. Den geriebenen Käse mit Salz, Pfeffer, Semmelbröseln, gehackten Nüssen und gehackten Kräutern vermischen. Die Masse auf den Fischfilets verteilen und fest andrücken, danach mit Öl besprühen oder bestreichen.
Die Filets im vorgeheizten Backofen bei 200° C etwa 25 Min. backen.

Serviertipp: Mit Reis, frischem Salat und einer leichten Weißwein- oder Tomatensauce servieren.

Nährwerte pro Portion:

Energie	Fett	Kohlenhydrate	Eiweiß
400 kcal	22 g	13 g	36 g

PIKANTES FISCHLAIBCHEN

Zutaten für 2 Portionen:

1 Grahamweckerl/-brötchen

Wasser

240 g Dorsch

1 Ei

Zitronensaft

Muskatnuss

Dill

Petersilie

Pfeffer (schwarz)

Salz

2 EL Semmelbrösel/Paniermehl

Zubereitung:

Grahamweckerl in Wasser einweichen, ausdrücken und zusammen mit dem Fisch faschieren.
Eier und Gewürze zugeben, Semmelbrösel hinzufügen und alles vermischen.
Aus der Masse Laibchen formen und bei 180° C im Backofen ca. 30 Min. backen.

Nährwerte pro Portion:

Energie	Fett	Kohlenhydrate	Eiweiß
215 kcal	3 g	19 g	27 g

77

LACHSSTREIFEN IN RAHMSAUCE AUF TAGLIATELLE

Zutaten für 2 Portionen:

1 Zwiebel

1 EL Olivenöl

160 ml Milch

Dill

Salz

Pfeffer (schwarz)

160 g Lachs (geräuchert)

80 g Sauerrahm/saure Sahne

160 g Teigwaren

Wasser

Zubereitung:

Zwiebel fein schneiden und in Öl andünsten, mit Milch ablöschen. Gewürze und den in feine Streifen geschnittenen Lachs dazugeben, den Sauerrahm einrühren, und alles ohne Aufkochen mehrere Minuten ziehen lassen.

Die Lachssauce über die in Wasser gekochten Teigwaren gießen und servieren.

Nährwerte pro Portion:

Energie	Fett	Kohlenhydrate	Eiweiß
560 kcal	21 g	61 g	30 g

79

HAUPTSPEISEN MIT FLEISCH

BAMI GORENG

Zutaten für 2 Portionen:

160 g Reis

$^3/_8$ l Wasser

½ Zwiebel

100 g Schweinefleisch (mager)

100 g Gemüse

100 g Garnelen (tiefgefroren)

20 g Cashewnüsse

1 TL Sonnenblumenöl

1 Zehe Knoblauch

40 g Lauch/Porree

1 EL Sojasauce

½ TL Currypulver

Salz

Zubereitung:

Reis in einen Topf geben, Wasser und eine halbierte Zwiebel hinzufügen. Zugedeckt bei kleinster Flamme bzw. niedrigster Stufe ca. 30 Min. dünsten. Nach Ende der Kochzeit die Zwiebel entfernen.

Das Fleisch in dünne Streifen schneiden und zusammen mit dem kleinwürfelig geschnittenen Gemüse, den aufgetauten Garnelen und den Nüssen in heißem Öl anbraten. Den Knoblauch und den Lauch feinblättrig schneiden und dazugeben, kurz durchrühren. Danach mit Sojasauce, Curry und Salz abschmecken und zusammen mit dem Reis servieren.

Nährwerte pro Portion:

Energie	Fett	Kohlenhydrate	Eiweiß
480 kcal	10 g	68 g	28 g

CHAMPIGNONGESCHNETZELTES

Zutaten für 2 Portionen:

160 g Schweinefleisch (mager)

Salz

Pfeffer (schwarz)

1 Zwiebel

400 g Champignons

2 EL Sonnenblumenöl

200 ml Wasser

½ TL Suppenwürze

2 EL Sauerrahm/saure Sahne

1 EL Maisstärke

Zubereitung:

Schweinefleisch würfelig schneiden und mit Salz und Pfeffer würzen, zusammen mit der geschnittenen Zwiebel und den Champignons im Sonnenblumenöl anrösten. Mit Wasser auffüllen und zusammen mit etwas Suppenwürze dünsten. Mit Maisstärke binden und mit Sauerrahm abschmecken.

Nährwerte pro Portion:

Energie	Fett	Kohlenhydrate	Eiweiß
270 kcal	15 g	9 g	26 g

FASCHIERTE LAIBCHEN

Zutaten für 2 Portionen:

1 Semmel/Brötchen

Wasser

1 kleine Zwiebel

240 g Faschiertes/Hackfleisch vom Schwein/Rind (gemischt)

2 EL Semmelbrösel/Paniermehl

1 Ei

1 TL Senf

Salz

Pfeffer (schwarz)

Muskatnuss

Oregano

Basilikum

Thymian

Zubereitung:

Semmel in Wasser einweichen, danach in kleine Würfel schneiden. Zwiebel in ganz kleine Würfel schneiden. Dann alle Zutaten miteinander vermengen und daraus handtellergroße, 2–3 cm dicke Frikadellen bzw. Laibchen formen. Diese entweder langsam in einer Pfanne mit Öl oder im Backofen braten.

Nährwerte pro Portion:

Energie	Fett	Kohlenhydrate	Eiweiß
374 kcal	23 g	16 g	26 g

FETTUCCINE MIT SAFRANSAUCE UND SCHINKEN

Zutaten für 2 Portionen:

2 Zwiebeln

Safrangewürz

¼ l Wasser

40 g Schlagobers/Sahne

80 g Joghurt

1 TL Maisstärke

4 EL Wasser

Salz

50 g Schinken

1 TL Olivenöl

160 g Fettuccine (gekocht)

2 EL Parmesan

Petersilie

Zubereitung:

Zwiebeln kleinwürfelig schneiden und mit Safran und Wasser auf die Hälfte einkochen. Sahne und Joghurt zugeben und bei schwacher Hitze ca. 8 Min. köcheln. Wasser und Stärke vermischen, in die Sauce einrühren und aufkochen, mit etwas Salz abschmecken.
Schinken in feine Streifen schneiden und im erhitzten Olivenöl anrösten.
Die gekochten Teigwaren mit dem Schinken bestreuen und mit der Sauce übergießen.
Zum Servieren mit Petersilie und Parmesan bestreuen.

Nährwerte pro Portion:

Energie	Fett	Kohlenhydrate	Eiweiß
500 kcal	18 g	60 g	23 g

81

HIRSCHGULASCH J–

Zutaten für 2 Portionen:

240 g Hirschfleisch

1 EL Rapsöl

20 g Speck (durchwachsen)

3 Zwiebeln

Salz

Pfeffer (weiß)

1 TL Tomatenmark

1 Zehe Knoblauch

½ l Wasser

100 g Karotten/Möhren

40 g Knollensellerie

Lorbeerblatt

Wacholderbeere

Majoran

Zubereitung:

Fleisch würfelig schneiden und im Rapsöl anbraten. Speckwürfel und geschnittene Zwiebeln dazugeben, mit Salz und Pfeffer würzen und anbraten. Tomatenmark und Knoblauch hinzufügen. Mit Wasser ablöschen. Fein gestiftete Karotten und Sellerie dazugeben. Lorbeerblätter, Wacholderbeeren und Majoran in ein Gewürzsäckchen binden, hinzufügen und alles 1 Std. köcheln lassen.

Nährwerte pro Portion:

Energie	Fett	Kohlenhydrate	Eiweiß
260 kcal	12 g	9 g	29 g

HÜHNERBRUST IN SENFSAUCE J–

Zutaten für 2 Portionen:

300 g Brathähnchen/Brustfilet (tiefgefroren)

1 EL Olivenöl

Salz

Pfeffer (schwarz)

50 ml Wasser

20 g Schlagobers/Sahne

2 TL Senf

Estragon (frisch)

Zucker

Zubereitung:

Hühnerbrust in heißem Olivenöl beidseitig scharf anbraten, danach bei mittlerer Hitze fertig braten, mit Salz und Pfeffer würzen, dann aus der Pfanne nehmen.
Den Bratenfond in der Pfanne mit Wasser ablöschen und einköcheln lassen. Sahne und Senf einrühren, mit frischem Estragon würzen und bei Bedarf etwas Zucker unterrühren.

Nährwerte pro Portion:

Energie	Fett	Kohlenhydrate	Eiweiß
250 kcal	10 g	3 g	36 g

GEFÜLLTES HÜHNERFILET

Zutaten für 2 Portionen:

300 g Hähnchen-Brustfilet

Rapsöl

¼ l Wasser oder Gemüsefond

1 EL Maisstärke

Fülle:

80 g Hühnerfleisch

1 Ei

max. ½ Zucchini (frisch)

max. ½ Gemüsepaprika (rot)

20 g Käse

Salz

Pfeffer (schwarz)

Kräutermischung

Zubereitung:

Für die Fülle Hühnerfleisch zusammen mit dem Ei pürieren. Zucchini und Paprika klein schneiden und mit dem Fleisch und dem Käse vermengen. Mit Salz, Pfeffer und Kräutern würzen.

Filets mit der Masse füllen und im Öl scharf anbraten, anschließend mit Wasser aufgießen und dünsten.

Sobald die gefüllten Filets fertig sind, aus der Pfanne nehmen, danach die Flüssigkeit einreduzieren, bei Bedarf würzen und mit Maisstärke binden.

Nährwerte pro Portion:

Energie	Fett	Kohlenhydrate	Eiweiß
380 kcal	18 g	7 g	48 g

KALBSSCHNITZEL MIT KOHLRABIRAGOUT

Zutaten für 2 Portionen:

300 g Kalbfleisch

Salz

1 EL Weizenmehl

1 EL Rapsöl

⅛ l Wasser oder Rindsuppe/Fleischbrühe

Ragout:

500 g Kohlrabi

1 EL Rapsöl

⅛ l Wasser oder Gemüsefond

Salz

Pfeffer (schwarz)

Muskatnuss

Zucker

Petersilie

Zubereitung:

Für die Zubereitung des Fleisches das Kalbfleisch an den Rändern leicht einschneiden, plattieren und beidseitig salzen. Eine Seite in Mehl tauchen und andrücken. Das Schnitzel mit der bemehlten Seite im Öl anbraten, wenden und die zweite Seite ebenfalls anbraten. Das Fleisch aus dem Öl nehmen, das Fett abgießen, mit Wasser aufgießen, das Schnitzel wieder einlegen und weich dünsten.

Für das Ragout den Kohlrabi schälen, in Scheiben schneiden und vierteln. Im Öl andünsten, mit Wasser aufgießen, mit Salz, Pfeffer, Muskat und Zucker würzen und etwa 20 Min. dünsten. Petersilie fein hacken und zum Schluss unter das Gemüse mischen.

Nährwerte pro Portion:

Energie	Fett	Kohlenhydrate	Eiweiß
370 kcal	19 g	15 g	35 g

83

Reflets dans un nuage
Miroir au contour flou. Diam. 55 cm. Design Thomas
Existe en version noire. "Fading" Eno chez Fleur

160

HÜHNERFILET À LA ROMANA J–

Zutaten für 2 Portionen:

300 g Hühnerfleisch/-filet

Salz

Pfeffer (schwarz)

Knoblauch

Paprika (edelsüß)

Kümmel

¼ l Gemüsebrühe oder Wasser

2 Blätter Salbei (frisch)

1 EL Maisstärke

Zubereitung:

Hühnerfilet mit Salz, Pfeffer, Knoblauch, Paprikapulver und Kümmel würzen und im Backofen braten. Für die Sauce Gemüsebrühe, Salz, Pfeffer und Salbei aufkochen, mit Maisstärke binden und bei Bedarf pürieren.

Nährwerte pro Portion:

Energie	Fett	Kohlenhydrate	Eiweiß
250 kcal	10 g	7 g	34 g

LAMM-COUSCOUS J–

Zutaten für 2 Portionen:

150 g Lammfleisch (mager)

3 Tomaten

1 Zwiebel

Petersilie

1 EL Rapsöl

Currypulver

Kümmel

Pfeffer (weiß)

Pfeffer (schwarz)

Salz

⅛ l Wasser

100 g Zucchini

100 g Karotten/Möhren

100 g Rettich (weiß)

100 g Melanzani/Auberginen

200 g Couscous

Zubereitung:

Das Lammfleisch würfelig schneiden. Tomaten schälen, entkernen und in große Würfel schneiden. Zwiebel und Petersilie fein hacken.

Öl, Gewürze, Lammfleisch, Tomaten, Zwiebel und Petersilie miteinander vermischen und scharf anbraten, danach bei mittlerer Hitze in einem geschlossenen Topf etwas schmoren, anschließend mit Wasser aufgießen und ca. 30 Min. dünsten. Anschließend Zucchini, Karotten, Rettich und Melanzani schneiden, ebenfalls den anderen Zutaten beimengen und fertig garen.

Couscous nach Packungsangaben zubereiten, danach mit der Fleisch- und Gemüsemischung vermengen und mit einer Sauce nach Wahl servieren.

Nährwerte pro Portion:

Energie	Fett	Kohlenhydrate	Eiweiß
540 kcal	12 g	80 g	28 g

85

NUDELPILZRAGOUT MIT RINDERSTREIFEN

Zutaten für 2 Portionen:

160 g Rindfleisch

Salz

Pfeffer

½ Zwiebel

50 g Pilze

1 EL Rapsöl

1 Orange

⅛ l Wasser

Thymian

Kümmelpulver

1 TL Maisstärke

200 g Teigwaren (gekocht)

Zubereitung:

Das Rindfleisch in breite Streifen schneiden und mit Salz und Pfeffer würzen, zusammen mit der geschnittenen Zwiebel und den Pilzen im Öl anrösten. Die Orange auspressen und den Saft über die Zwiebel geben, mit Wasser auffüllen und zusammen mit den restlichen Gewürzen dünsten. Die Maisstärke mit etwas Wasser verrühren und über das Ragout gießen, unter ständigem Rühren etwa 1 Min. aufkochen. Anschließend die gekochten Teigwaren unterheben.

Nährwerte pro Portion:

Energie	Fett	Kohlenhydrate	Eiweiß
558 kcal	15 g	73 g	30 g

PAPRIKARAHMSCHNITZEL J–

Zutaten für 2 Portionen:

240 g Schweineschnitzel

Salz

Pfeffer (schwarz)

2 EL Rapsöl

⅛ l Wasser

Knoblauch

Paprikapulver (edelsüß)

Majoran

1 Karotte/Möhre

2 EL Sauerrahm/saure Sahne

Zubereitung:

Schnitzel salzen und pfeffern. Auf beiden Seiten in Öl anbraten. Mit Wasser aufgießen, zerdrückten Knoblauch sowie das Paprikapulver und den Majoran einrühren. Die in Scheiben geschnittenen Karotten beimengen. Zugedeckt ca. 20 Min. dünsten lassen. Hin und wieder mit etwas Wasser aufgießen. Am Schluss mit etwas Sauerrahm abschmecken.

Nährwerte pro Portion:

Energie	Fett	Kohlenhydrate	Eiweiß
263 kcal	15 g	4 g	28 g

RINDERCURRY MIT FRÜCHTEN

Zutaten für 2 Portionen:

200 g Rindfleisch

1 EL Rapsöl

1 Gemüsepaprika (rot)

1 Karotte/Möhre

¼ l Wasser

1 TL Currypulver

Salz

Pfeffer (schwarz)

Kreuzkümmel

2 EL Sauerrahm/saure Sahne

150 g Obstmischung (z. B. Birnen, Trauben, Ananas, Feigen)

Zubereitung:

Das Fleisch in kleine Würfel schneiden und im Öl scharf anbraten, das grob geschnittene Gemüse dazugeben, danach mit Wasser aufgießen. Gewürze beifügen und das Fleisch weich dünsten. Mit Sauerrahm abschmecken. Danach das klein geschnittene Obst hinzufügen und kurz dünsten.

Nährwerte pro Portion:

Energie	Fett	Kohlenhydrate	Eiweiß
350 kcal	18 g	25 g	23 g

SCHARFES HUHN IM REISRING

Zutaten für 2 Portionen:

300 g Huhn-Brustfilet

Chili (rot)

1 EL Olivenöl

200 g Lauch/Porree

Thymian

Salz

⅛ l Gemüsefond oder Wasser

100 g Reis

Petersilie

Zubereitung:

Hühnerfilet in Streifen schneiden. Chilischoten zerbröseln, mit dem Olivenöl verrühren und die Hühnerstreifen darin 2 Std. marinieren.

Den Lauch in Ringe schneiden. Die Hühnerstreifen im restlichen Chiliöl kräftig anbraten, den Lauch dazugeben, mit Thymian und Salz würzen, mit dem Gemüsefond aufgießen und etwa 2 Min. ziehen lassen. Den Reis zubereiten, mit der Petersilie vermengen und mit den Hühnerstreifen servieren.

Nährwerte pro Portion:

Energie	Fett	Kohlenhydrate	Eiweiß
400 kcal	7 g	42 g	41 g

MEXIKANISCHES CHILI

Zutaten für 2 Portionen:

1 Zwiebel

1 EL Rapsöl

100 g Rindfleisch

3 Tomaten

2 TL Tomatenmark

¼ l Rindsuppe/Fleischbrühe

50 g Gemüsepaprika (grün)

50 g Gemüsepaprika (rot)

100 g Kidneybohnen

100 g Zuckermais

1 TL Leinsamen

Salz

Pfeffer (schwarz)

Chili (Cayennepfeffer)

Knoblauch (frisch)

Zubereitung:

Zwiebel fein schneiden und im Öl anrösten. Fleisch in feine Streifen schneiden und mitrösten. Geschälte Tomaten und Tomatenmark dazugeben, mit Rindsuppe aufgießen. Paprika, Bohnen, Mais und Leinsamen beifügen; mit Salz, Pfeffer, Chilipulver und Knoblauch würzen. Alles weich dünsten.

Nährwerte pro Portion:

Energie	Fett	Kohlenhydrate	Eiweiß
259 kcal	12 g	19 g	18 g

KRAUTSPÄTZLE

Zutaten für 2 Portionen:

1 Ei

100 g Weizen-Vollkornmehl

2 EL Weizengrieß

2 EL Rapsöl

Muskatnuss

Salz

20 g Speck (durchwachsen)

2 Zwiebeln

200 g Sauerkraut (abgetropft)

Kümmel

Zubereitung:

Aus Ei, Mehl, Grieß, Öl, Muskat und Salz einen glatten Spätzleteig herstellen. Den Teig 5 Min. rasten lassen, danach mit einem Spätzlehobel ins Wasser gleiten lassen und kochen.

Den Speck in sehr kleine Würfel schneiden und in einer beschichteten Pfanne kurz anrösten, anschließend die fein geschnittene Zwiebel, das Sauerkraut, etwas Kümmel und die Spätzle dazugeben und kurz durchschwenken.

Nährwerte pro Portion:

Energie	Fett	Kohlenhydrate	Eiweiß
397 kcal	17 g	47 g	13 g

89

WILDSCHWEINBRATEN IN BURGUNDERSAUCE

Zutaten für 2 Portionen:

1 Zwiebel

Thymian

Suppengrün

Pfefferkörner

1–2 EL Weinessig

Burgunderwein (bis das Fleisch bedeckt ist)

1–2 Lorbeerblätter

300 g Wildschwein

Salz

Pfeffer (weiß)

2 EL Rapsöl

2 Schalotten/Lauchzwiebeln

100 g Karotten/Möhren

1 Zehe Knoblauch

Rosmarin

5 Tomaten

1 TL Tomatenmark

Petersilie

Zubereitung:

Zwiebel hacken, Thymian und Suppengrün grob zerkleinern und zusammen mit den Pfefferkörnern, Essig, Wein und Lorbeerblättern in ein Gefäß geben, das Fleisch (im Ganzen) darin einlegen und zugedeckt 24 Std. im Kühlschrank marinieren.

Danach das Fleisch aus der Marinade nehmen, trockentupfen und mit Salz und Pfeffer einreiben. Die Marinade durch ein Sieb gießen und auffangen.

Öl erhitzen und das Fleisch bei starker Hitze scharf anbraten. Gehackte Schalotten, gewürfelte Karotten, gehackten Knoblauch, zerkleinertes Rosmarin, entkernte und gewürfelte Tomaten dazugeben und anrösten. Tomatenmark untermischen und kurz mitrösten. Mit Salz und Pfeffer würzen, mit der Marinade aufgießen, aufkochen und bei schwacher Hitze ca. 2 Std. garen.

Im Anschluss das Fleisch herausnehmen und den Bratensaft zu einer Sauce eindicken.

Serviertipp: Mit Petersilie bestreut servieren. Als Beilage passen Serviettenknödel (siehe S. 61) sehr gut.

Nährwerte pro Portion:

Energie	Fett	Kohlenhydrate	Eiweiß
350 kcal	16 g	11 g	32 g

90

SÜSSE HAUPTSPEISEN

MOHNKNÖDEL MIT GLASIERTEN ZWETSCHKEN

Zutaten für 2 Portionen:

250 g Topfen/Quark (mager)

2 TL Butter

Zitronenschale

1 Ei

Salz

50 g Weizengrieß

20 g Mohn

1 TL Staubzucker

200 g Zwetschken/Pflaumen

1 TL Rapsöl

1 EL Zucker

Zimt

1 TL Zitronensaft

Zubereitung:

Für die Knödel Topfen, Butter, Zitronenschale, Ei und eine Prise Salz glatt rühren; Grieß untermischen; Masse kalt stellen; Knödel formen und 10 Min. im Salzwasser ziehen lassen. Danach in Mohn und Staubzucker wälzen.

Für die glasierten Zwetschken die Zwetschken entkernen und vierteln. Öl erhitzen, Zucker dazugeben und die Zwetschken darin schwenken. Zimt und Zitronensaft hinzufügen und auf kleiner Flamme kurz dünsten. Knödel und Zwetschken zusammen servieren.

Nährwerte pro Portion:

Energie	Fett	Kohlenhydrate	Eiweiß
425 kcal	15 g	47 g	24 g

TOPFENSCHMARREN MIT OBST UND ZWETSCHKENRÖSTER

Zutaten für 2 Portionen:

2 Eier

150 g Topfen/Quark (mager)

160 ml Milch

1 EL Vanillezucker

80 g Weizenmehl

2 EL Zucker (für Schnee)

evtl. Öl

1 EL Zucker (zum Bestreuen)

100 g Erdbeeren (frisch)

100 g Ananas

200 g Zwetschkenröster oder Pflaumenkompott

Zubereitung:

Eigelb und Eiweiß trennen. Topfen, Eigelb, Milch, Vanillezucker und Mehl vermischen. Aus dem Eiweiß und dem Zucker einen Schnee schlagen und unterheben. Die Masse in eine beschichtete Pfanne geben (die Pfanne eventuell mit einigen Tropfen Öl bestreichen) und hellbraun backen, wenden, mit Zucker bestreuen und fertig backen, danach zerreißen.

Das Obst in kleine Stücke schneiden, mit dem Schmarren vermengen und zusammen mit dem Zwetschkenröster servieren.

Nährwerte pro Portion:

Energie	Fett	Kohlenhydrate	Eiweiß
520 kcal	10 g	80 g	24 g

TOPFENTALER   📷

Zutaten für 2 Portionen:

240 g Topfen/Quark

70 g Vollkornmehl

2 Eier

$\frac{1}{8}$ l Milch

Zimt

Zitronenschale

Salz

10 g Vanillezucker

1 EL Rapsöl

Zubereitung:

Topfen, Mehl, Eier, Milch, Zimt, Zitronenschale, Vanillezucker und eine Prise Salz zu einer glatten Masse rühren.

Mit einem Esslöffel die Masse in eine mit wenig Öl erhitzte Pfanne setzen, Taler formen und goldbraun braten.

Nährwerte pro Portion:

Energie	Fett	Kohlenhydrate	Eiweiß
378 kcal	14 g	34 g	27 g

TOPFEN-SCHEITERHAUFEN AUF KIRSCHRAGOUT

Zutaten für 4 Portionen:

Fülle:

20 g Butter

20 g Zucker

Vanillezucker

400 g Topfen/Quark (mager)

2 Eier

Zitronenschale

Zitronensaft

Salz

Boden:

20 g Zucker

2 Eier

400 ml Milch

240 g Weißbrot

Kirschragout:

400 g Kirschen

2 EL Wasser

2 EL Zucker

2 EL Maisstärke

Zubereitung:

Für die Fülle Butter, Zucker, Vanillezucker, Topfen, Eier, Zitronenschale, etwas Zitronensaft und eine Prise Salz zu einer schaumigen Masse rühren.

Für den Boden Zucker, Eier und Milch miteinander verrühren. Das in Scheiben geschnittene Weißbrot durch diese Flüssigkeit ziehen und eine befettete Form damit auslegen.

Auf dem Boden einen Teil der Fülle verteilen und mit einer durchzogenen Weißbrotschicht bedecken. Den Scheiterhaufen schichtweise mit Weißbrot und Fülle aufbauen. Auf die letzte Weißbrotschicht den Rest der Flüssigkeit verteilen. Den Scheiterhaufen im Backofen bei 180° C ca. 45 Min. backen.

Für das Kirschragout Kirschen entkernen und zusammen mit etwas Wasser, dem Zucker und dem Wasser aufkochen, mit der Maisstärke binden.

Nährwerte pro Portion:

Energie	Fett	Kohlenhydrate	Eiweiß
585 kcal	16 g	76 g	28 g

WALNUSSSCHMARREN

Zutaten für 2 Portionen:

110 g Weizenmehl

200 ml Milch

2 Eier

40 g Zucker

2 TL Butter

Salz

Vanillezucker

Staubzucker/Puderzucker

20 g Walnüsse

Zubereitung:

Mehl, Milch, Eigelb, Vanillezucker und eine Prise Salz glatt rühren, Eiweiß mit Kristallzucker zu steifem Schnee schlagen und unterheben. Die Butter in einer beschichteten Pfanne erhitzen. Die Masse dazugeben und hellbraun backen, wenden, fertig backen, danach zerreißen. Abschließend mit Staubzucker und Walnüssen bestreuen.

Nährwerte pro Portion:

Energie	Fett	Kohlenhydrate	Eiweiß
580 kcal	21 g	79 g	18 g

94

DESSERTS UND KUCHEN

BROMBEERMILCH

Zutaten für 2 Portionen:

200 ml Buttermilch

75 g Brombeeren

evtl. Honig oder Süßstoff

Zubereitung:

Buttermilch und Brombeeren mit einem Stabmixer pürieren, bei Bedarf mit Süßstoff oder Honig süßen.

Nährwerte pro Portion:

Energie	Fett	Kohlenhydrate	Eiweiß
48 kcal	1 g	5 g	4 g

CRANBERRIES IM GLAS

Zutaten für 2 Portionen:

100 g Cranberries (Moosbeeren, Blaubeeren, Heidelbeeren)

⅛ l Cranberriessaft

1 TL Honig

100 g Topfen/Quark (mager)

Zubereitung:

Beeren, Saft und Honig mit einem Stabmixer pürieren, danach den Topfen dazugeben und glatt rühren. Die Masse auf zwei Gläser verteilen und servieren.

Nährwerte pro Portion:

Energie	Fett	Kohlenhydrate	Eiweiß
93 kcal	1 g	11 g	7 g

ERDBEERCREME

Zutaten für 2 Portionen:

1 Blatt Gelatine

100 g Erdbeeren

200 g Joghurt (mager)

1 TL Vanillezucker

Zubereitung:

Gelatine laut Packungsangaben zubereiten, die Erdbeeren pürieren und mit den restlichen Zutaten vermischen. Das Ganze in Schüsseln füllen und kühlen.

Nährwerte pro Portion:

Energie	Fett	Kohlenhydrate	Eiweiß
67 kcal	1 g	9 g	6 g

BEERENTORTE

Zutaten für 16 Portionen:

5 Eier
125 g Butter
125 g Zucker
Zitronenschale
750 g Topfen/Quark (mager)
100 g Sauerrahm/saure Sahne
75 g Weizengrieß
1 Pkg. (16 g) Backpulver
1 g Salz
600 g Beerenobst
5 Blatt (10 g) Gelatine
½ l Kirschsaft

Zubereitung:

Vorbereitungsarbeiten: 1 Springform von 28 cm Durchmesser einfetten. Backofen auf 175° C vorheizen.

Für den Teig die Eier trennen. Butter, Zucker und Zitronenschale schaumig rühren, Eigelb unterrühren. Topfen, Sauerrahm, Grieß und Backpulver unterrühren.

Eiweiß mit Salz steif schlagen, unter den Teig heben, danach in die Form geben und glatt streichen.

Im Backofen (Mitte, Umluft, 160° C) ca. 45 Min. backen, danach in der Form auskühlen lassen.

Für den Belag die Beerenmischung waschen und trockentupfen, danach auf der Torte verteilen.

Gelatine (Tortenguss) laut Packungsangaben mit dem Zucker und dem Kirschsaft zubereiten, über den Beeren verteilen und fest werden lassen. Im Anschluss kann die Torte aus der Form gegeben werden.

Nährwerte pro Portion:

Energie	Fett	Kohlenhydrate	Eiweiß
225 kcal	10 g	24 g	10 g

KIRSCHRAGOUT

Zutaten für 2 Portionen:

200 g Weichseln/Sauer- kirschen
2 EL Zucker
Wasser
½ EL Kartoffelstärke

Zubereitung:

Weichseln aufkochen. Zucker mit Wasser zu einem hellen Karamell kochen, mit Wasser aufgießen und mit Kartoffelstärke binden.

Nährwerte pro Portion:

Energie	Fett	Kohlenhydrate	Eiweiß
148 kcal	0,5 g	33 g	1 g

97

BUTTERMILCHGELEE MIT WEICHSELN

Zutaten für 2 Portionen:

3 Blatt Gelatine

200 ml Buttermilch

1 TL Zitronensaft

50 g Weichseln/Sauerkirschen

1 EL Zucker

Zubereitung:

Gelatine laut Packungsangaben zubereiten und mit den restlichen Zutaten vermischen. Das Ganze in Förmchen füllen und kühlen.

Nährwerte pro Portion:

Energie	Fett	Kohlenhydrate	Eiweiß
100 kcal	1 g	14 g	6 g

FRUCHTWÜRFEL

Zutaten für 15 Portionen:

5 Eigelb

100 g Zucker

2 EL Vanillezucker

3 EL Rapsöl

200 ml Wasser

250 g Weizenmehl

2 EL Backpulver

5 Eiweiß

200 g Erdbeeren

¾ l Vollmilch

74 g Puddingpulver mit Vanillegeschmack

Zubereitung:

Für den Teig Eigelb, Zucker und Vanillezucker schaumig rühren, abwechselnd Öl und Wasser langsam einrühren. Mehl und Backpulver einsieben, gut durchrühren. Eiweiß zu Schnee schlagen und vorsichtig unter den Teig heben. Den Teig auf zwei Backbleche verteilen und 25 Min. bei 180° C backen.
Für die Fülle das Obst pürieren oder sehr klein schneiden und in die Milch einrühren, dann daraus und aus dem Puddingpulver einen Pudding zubereiten.
Den fertigen Teig in zwei Teile schneiden. Den ersten Teil als Boden in eine Form mit hohem Rand legen, mit dem überkühlten Pudding übergießen und anziehen lassen, danach mit dem zweiten Teig abdecken und abkühlen lassen. Anschließend in Würfel schneiden und mit etwas Obst als Garnitur servieren.

Nährwerte pro Portion:

Energie	Fett	Kohlenhydrate	Eiweiß
200 kcal	7 g	28 g	6 g

MARILLENKUCHEN

Zutaten für 20 Portionen:

4 Eier

125 g Zucker

40 g Sonnenblumenöl

100 g Apfelmus

100 ml Wasser

150 g Weizenmehl

100 g Weizen-Vollkornmehl

8 g Backpulver

1 000 g Marillen/Aprikosen

Zubereitung:

Eier, Zucker, Öl, Apfelmus und Wasser vermengen. Mehl und Backpulver mit einem Sieb in die Masse sieben und vermengen. Die Masse auf ein Backblech streichen, das Obst halbieren oder vierteln und auf der Masse verteilen. Bei 190° C etwa 20 Min. im Backofen backen.

Nährwerte pro Portion:

Energie	Fett	Kohlenhydrate	Eiweiß
127 kcal	4 g	20 g	3 g

100

VOLLKORNPALATSCHINKEN MIT MARMELADE

Zutaten für 2 Portionen:

100 ml Milch

100 ml Wasser

1 Ei

Salz

50 g Weizenmehl

50 g Vollkornmehl

1 TL Sonnenblumenöl

20 g Marmelade/Konfitüre

Zubereitung:

Milch, Wasser, Ei und Salz in einer Rührschüssel mit einem Schneebesen verrühren, danach beide Mehle einrühren und ½ Std. rasten lassen.

Sehr wenig Pflanzenöl in eine sehr heiße beschichtete Pfanne geben. Den Teig kurz durchrühren und dann einen Schöpfer davon in der Pfanne verteilen, hell backen, wenden und fertig backen.

Dünn mit Marmelade bestreichen, zu einem Dreieck falten und servieren.

Nährwerte pro Portion:

Energie	Fett	Kohlenhydrate	Eiweiß
280 kcal	7 g	42 g	11 g

SOMMERFRÜCHTE

Zutaten für 2 Portionen:

100 g Zuckermelone/Honigmelone

50 g Kirschen

100 g Erdbeeren

50 g Himbeeren

25 g Heidelbeeren

Püree:

125 g Ribiseln/Rote Johannisbeeren

100 g Himbeeren

2 EL Staubzucker/Puderzucker

Zubereitung:

Mit einem Kugelausstecher Melonenbällchen ausstechen. Kirschen entkernen, Erdbeeren schneiden und zusammen mit den Himbeeren und Heidelbeeren auf Tellern so anrichten, dass in der Mitte ein runder Platz frei bleibt.

Für das Püree die Ribiseln und die Himbeeren durch ein Sieb streichen, mit dem Staubzucker süßen. Das Püree in der Mitte des Tellers verteilen.

Serviertipp: Das Püree kann mit kleinen Minze- oder Basilikumblättern oder mit essbaren blauen Blüten (wie zum Beispiel Borretsch, Veilchen oder Lavendel) dekoriert werden.

Nährwerte pro Portion:

Energie	Fett	Kohlenhydrate	Eiweiß
123 kcal	1 g	23 g	3 g

101

ABKÜRZUNGEN

ca.	zirka, ungefähr, etwa
EL	Esslöffel
g	Gramm
l	Liter
Min.	Minuten
ml	Milliliter
Std.	Stunde
Stk.	Stück
TL	Teelöffel

LITERATURVERZEICHNIS

Biesalski, Hans Konrad/Bischoff, Stephan C./Puchstein, Christoph (Hg.) (2010): Ernährungsmedizin: Nach dem neuen Curriculum Ernährungsmedizin der Bundesärztekammer. 4. Auflage. Stuttgart: Thieme.

Biesalski, Hans Konrad/Grimm, Peter (2011): Taschenatlas der Ernährung. 5. Auflage. Stuttgart: Thieme.

Deutsche Gesellschaft für Ernährung (Hg.) (2013): Referenzwerte für die Nährstoffzufuhr. 1. Auflage, 5. überarbeiteter Nachdruck. Neustadt: Umschau Buchverlag.

Kasper, Heinrich (2009): Ernährungsmedizin und Diätetik. 11. Auflage. München: Urban & Fischer.

Rehner, Gertrud/Daniel, Hannelore (2010): Biochemie der Ernährung. 3. Auflage. Heidelberg: Spektrum Akademischer Verlag.

Silbernagl, Stefan/Despopoulos, Agamemnon (2012): Taschenatlas der Physiologie. 8. Auflage. Stuttgart: Thieme.

KLEINES KÜCHENLEXIKON

A	
al dente	bissfest
B	
blanchieren	überbrühen
Blaukraut	Blaukohl
F	
Faschiertes	Hackfleisch
Fisolen	grüne Bohnen
G	
Gnocchi	Klößchen aus einem Teig mit Kartoffeln und Mehl
Grahamweckerl	nach Sylvester Graham benanntes Gebäck; enthalt Vollkornschrot, oftmals mit Zusatz von Kleie
Gröstl	Speise aus gerösteten Kartoffeln (oder Gemüse)
H	
Hülsenfrüchte	stärkehaltige Lebensmittel wie Linsen, Erbsen und Bohnen, welche dem Körper pflanzliches Eiweiß und wertvolle Ballaststoffe liefern
K	
Kaffeeobers	Kaffeesahne
Karfiol	Blumenkohl
Karotten	Möhren
Kipferl	Hörnchen
Knödel	Kloß
Knödelbrot	Semmelwürfel, Weißbrotwürfel
Kraut	Kohl
Kren	Meerrettich
Kurkuma	Gelber Ingwer, Safranwurzel

L	
Laibchen	hier: Frikadellen
Lauch	Porree
Liebstöckel	Heil- und Gewürzpflanze
M	
Marillen	Aprikosen
Marmelade	Konfitüre
Mascarpone	ein italienischer Frischkäse
Melanzani	Aubergine
Muskat	ein Gewürz
N	
Nockerl	Klößchen
O	
Obers	Schlagsahne; siehe *Schlagobers*
P	
Palatschinken	Pfannkuchen
Paradeiser	Tomaten
Polenta	Maisgrieß
R	
Ribisel	Rote Johannisbeere
Rindsuppe	Fleischbrühe
Rotkraut	Rotkohl
S	
Sauerrahm	saure Sahne
sautieren	unter großer Hitze und sehr geringer Fettzugabe kurz anrösten
Schalotte	kleine Zwiebel
Schlagobers	Schlagsahne, süße Sahne
Sellerie	eine Gemüsepflanze

Semmel	Gebäck, Brötchen
Semmelbrösel	Paniermehl
Semmelwürfel	Knödelbrot, Weißbrotwürfel
Staubzucker	Puderzucker
T	
Tabasco	Chilisorte
Topfen	Speisequark
W	
Weckerl	längliches Brötchen
Weichsel	Kirschen, Sauerkirschen
Weißkohl	Weißkraut
Z	
Zwetsch(k)e	Pflaume

REZEPTÜBERSICHT

Rezepte	jod-arm	jod-reich	kalzium-reich	selen-reich	Seite
SUPPEN					
Erbsensuppe	•				34
Frühlingskräutersuppe	•				34
Indische Currysuppe	•				34
Karfiolsuppe	•				35
Karottensuppe	•				35
Kartoffelcremesuppe	•				37
Kerbelsuppe	•				38
Klare Linsensuppe	•			•	39
Kohlrabicremesuppe	•				39
Kresserahmsuppe	•				38
Kürbissuppe	•				35
Lauchcremesuppe	•				42
Legierte Grießsuppe	•				43
Minestrone	•				41
Paprikacremesuppe	•				42
Selleriesuppe	•				38
Spargelcremesuppe	•			•	43
Tomatensuppe	•				37
Venezianische Gemüsesuppe	•				41
Zwiebelsuppe	•				37
SALATE					
Bohnensalat	•				44
Chinakohl mit Äpfeln	•				45
Couscous-Salat	•				47
Fisolensalat	•				49
Gurkensalat	•				45
Karottensalat	•				44

Rezepte	jod-arm	jod-reich	kalzium-reich	selen-reich	Seite
Krautsalat	•				47
Maissalat	•				47
Selleriesalat	•				49
Tomaten-Paprika-Salat	•				45
KLEINE SPEISEN					
Dominobrot	•				50
Geflügelsalat auf Toastbrot	•				50
Geflügelsandwiches	•				54
Griechischer Salat	•				51
Nudelsalat mit Fisolen	•				53
Rindfleischsalat	•				53
Schinkenaufstrich	•				51
Thunfischaufstrich		•			54
Tomatenaufstrich	•				50
DIPS UND SAUCEN					
Dillrahmsauce	•				55
Kerbelrahm	•				55
Kräuterdip	•				57
Kümmelsauce	•				58
Paprikacreme	•				57
Salbeisauce	•				58
BEILAGEN					
Gemüsecouscous	•				59
Grünkernknödel	•				60
Preiselbeerschmarren	•				63
Ratatouille	•				63
Rosmarin-Polenta-Püree	•				61
Semmelknödel	•				64
Serviettenknödel	•				61
Thymianhirse	•				60
Überbackene Polenta	•				59
Zitronen-Obers-Nudeln	•				61

Rezepte	jod-arm	jod-reich	kalzium-reich	selen-reich	Seite
HAUPTSPEISEN VEGETARISCH					
Asiatisches Gemüsegröstl mit Tofu und Koriander	•				65
Curry-Reis-Pfanne	•				67
Fenchel mit Parmesancreme auf Nudelnest	•				69
Feuerbohneneintopf	•				71
Gefüllte Melanzani	•				73
Gemüselaibchen	•				66
Gemüsepfanne mit Gnocchi	•				66
Karfiollaibchen	•				65
Kartoffel-Gemüse-Strudel	•				67
Krautstrudel	•				71
Pikanter Körnerschmarren	•				73
Vegetarisches Kürbischili	•				69
HAUPTSPEISEN MIT FISCH					
Fischfilet mit Kräuterkruste		•			75
Fischgulasch		•			75
Gratinierter Seelachs mit Kürbis und Zucchini		•			76
Lachs in Sojasauce mit glasierten Zwiebeln		•			76
Lachsstreifen in Rahmsauce auf Tagliatelle		•			79
Pikantes Fischlaibchen		•			77
Scholle in Kräuter-Walnuss-Kruste		•			77
HAUPTSPEISEN MIT FLEISCH					
Bami Goreng	•				80
Champignongeschnetzeltes	•				80
Faschierte Laibchen	•				81
Fettuccine mit Safransauce und Schinken	•				81
Hirschgulasch	•				82

Rezepte	jod-arm	jod-reich	kalzium-reich	selen-reich	Seite
Hühnerbrust in Senfsauce	•				82
Hühnerfilet à la Romana	•				85
Gefülltes Hühnerfilet	•				83
Kalbsschnitzel mit Kohlrabiragout	•				83
Krautspätzle	•				89
Lamm-Couscous	•				85
Mexikanisches Chili	•				89
Nudelpilzragout mit Rinderstreifen	•				86
Paprikarahmschnitzel	•				86
Rindercurry mit Früchten	•				87
Scharfes Huhn im Reisring	•				87
Wildschweinbraten in Burgundersauce	•				90
SÜSSE HAUPTSPEISEN					
Mohnknödel mit glasierten Zwetschken	•		•		91
Topfen-Scheiterhaufen auf Kirschragout	•		•		93
Topfenschmarren mit Obst und Zwetschkenröster	•		•		91
Topfentaler	•		•		93
Walnussschmarren	•		•		94
DESSERTS UND KUCHEN					
Beerentorte	•		•		97
Brombeermilch	•		•		95
Buttermilchgelee mit Weichseln	•		•		99
Cranberries im Glas	•		•		95
Erdbeercreme	•		•		95
Fruchtwürfel	•				99
Kirschragout	•				97
Marillenkuchen	•				100
Sommerfrüchte	•		•		101
Vollkornpalatschinken mit Marmelade	•				101

109

• **maudrich.gesund essen** bietet medizinisch geprüfte, genussvolle und abwechslungsreiche Rezepte und Ernährungstipps für Menschen mit gesundheitlichen Problemen.

• Die Titel basieren auf der nach wie vor beliebten, in den 1950er-Jahren gegründeten Buchreihe „Maudrichs neuzeitliche Diätküche", die über Jahrzehnte hinweg zahlreichen Menschen dabei half, ihre Ernährung zu verbessern und ihre Beschwerden zu lindern.

• Die Bände dieser Reihe erscheinen nun in modernem Layout unter dem neuen Titel „maudrich.gesund essen" und werden ausschließlich von erfahrenen ÄrztInnen und DiätologInnen verfasst. Die LeserInnen erhalten alle wichtigen Informationen zur jeweiligen Erkrankung sowie viele gesunde und geschmackvolle Rezeptideen und wertvolle Tipps für den Ernährungsalltag.

• **maudrich.gesund essen** bisher erschienene Bücher:

maudrich. gesund essen

Irmgard Fortis, Johanna Kriehuber, Ernst Kriehuber

Ernährung bei Gastritis

maudrich. gesund essen

Irmgard Fortis, Johanna Kriehuber, Ernst Kriehuber

Ernährung bei Gallensteinen und nach der Gallenblasenentfernung

Über 200 Rezepte

maudrich. gesund essen

Agnes Budnowski, Ursula Denison, Flora Koller, Martina Kreuter

Ernährung bei Brustkrebs

maudrich. gesund essen

Irmgard Fortis, Johanna Kriehuber, Ernst Kriehuber

Ernährung bei Gicht

maudrich. gesund essen

A. Budnowski, F. Koller, L. Kramer, M. Kreuter, H. Maulen, A. Wielhalm

Ernährung bei Erkrankungen der Leber

maudrich. gesund essen

Agnes Budnowski, Flora Koller, Martina Kreuter, Maya Thun

Ernährung bei Osteoporose

Über 120 Rezepte

maudrich. gesund essen

Christoph Gasche, Ilse Weiß

Ernährung bei Eisenmangel

Über 120 Rezepte

maudrich. gesund essen

Eva Treler

Ernährung bei Zöliakie

Über 120 Rezepte

maudrich. gesund essen

Johann Grassl

Ernährung bei Erkrankungen der Niere

WICHTIGE ADRESSEN

Informationen und Unterstützung bei einer Ernährungstherapie erhalten Sie

in Österreich beim:
Verband der Diätologen Österreichs
Grüngasse 9/Top 20
A-1050 Wien
Tel.: +43 (0) 1 6027960
Fax: +43 (0) 1 6003824
E-Mail: office@diaetologen.at
Website: www.diaetologen.at

in Deutschland beim:
VDD Verband der Diätassistenten –
Deutscher Bundesverband e. V.
Susannastraße 13
D-45136 Essen
Tel.: +49 (0) 201 94 68 53 70
Fax: +49 (0) 201 94 68 53 80
E-Mail: vdd@vdd.de
Website: www.vdd.de

in der Schweiz beim:
Schweizerischen Verband diplomierter
Ernährungsberater/innen HF/FH
SVDE ASDD – Altenbergstraße 29
Postfach 686
CH-3000 Bern 8
Tel.: +41 (0) 31 313 88 70
Fax: +41 (0) 31 313 88 99
E-Mail: service@svde-asdd.ch
Website: www.svde-asdd.ch

Bildnachweis:
Victoria Posch, Esther Karner: 30, 31, 40, 52, 56, 68, 70, 72, 74, 78, 84, 88, 92, 96, 98
Fotolia.de: 6, 8. 11, 15–20, 27–29, 36, 48, 49, 62, 64, 100
Istockphoto.com: 12, 29, 46

Copyright © 2014 Wilhelm Maudrich Verlag, Wien
Eine Abteilung der Facultas Verlags- und Buchhandels AG
Alle Rechte, insbesondere das Recht der Vervielfältigung und Verbreitung sowie der Übersetzung in
fremde Sprachen, vorbehalten.
Alle Angaben in diesem Buch erfolgen trotz sorgfältiger Bearbeitung ohne Gewähr. Eine Haftung des
Autors oder des Verlages ist ausgeschlossen.

Lektorat: Sigrid Nindl, Wien
Satz: Florian Spielauer, Wien
Umschlagbild: Christoph Rosenberger Photography, Wien
Covergestaltung: grafik:design Manfred Kriegleder, Wien
Druck: Ferdinand Berger & Söhne, Horn
Printed in Austria

ISBN 978-3-85175-982-2

Sicher ist sicher. Bei aller Sorgfalt, die wir in der Recherche haben walten lassen, können sich Öffnungszeiten auch einmal kurzfristig ändern, oder ein Lokal ist gerade an Ihrem perfekten Tel Aviv-Wochenende ausgebucht oder geschlossen. Darum empfehlen wir, grundsätzlich möglichst weit im Voraus zu reservieren. Ein kurzer Anruf genügt, und Sie können sicher sein, zur vereinbarten Zeit einen Platz zu finden.

© Süddeutsche Zeitung GmbH, München
für die Süddeutsche Zeitung Edition
in Kooperation mit smart-travelling GbR, Berlin
Reihe „Ein perfektes Wochenende in ...“

Idee und Konzept: Nancy Bachmann, Nicola Bramigk
Produktion und Redaktion: Nancy Bachmann, Rahel Streiff
Texte: Sabine Danek
Fotos: Namy Nosratifard, Neve Tzedek Hotel (S. 8 – 13)
Lektorat: Gesina Happe
Gestaltung und Illustration: Rahel Streiff

Projektmanagement: Michaela Adlwart
Projektmitarbeit: Anne Reuter
Litho: Journal Media
Herstellung: Thekla Licht, Hermann Weixler
Druck und Bindung: Kessler Druck ۱ Medien, Bobingen

Printed in Germany
1. Auflage 2012

ISBN: 978-3-86615-957-0

SMART
TRAVELLING

EIN PERFEKTES WOCHENENDE IN ...
TEL AVIV

LIEBLINGSADRESSEN IN TEL AVIV

Hotel: Neve Tzedek Hotel
4 Deganya Street, Neve Tzedek
Tel: 00972 (0)54 2070706
Seite 8

Hotel: Hotel Montefiore
36 Montefiore Street, Zentrum
Tel: 00972 (0)3 5646100
Seite 16

Restaurant: Orna & Ella
33 Sheinkin Street, Zentrum
Tel: 00972 (0)3 5252085
Seite 22

Restaurant: Suzana
9 Shabazi Street, Neve Tzedek
Tel: 00972 (0)3 5177580
Seite 32

Restaurant: Yoezer Wine Bar
2 Yoezer Ish Habira Street, Jaffa
Tel: 00972 (0)3 6839115
Seite 38

Restaurant: Joz & Loz
51 Yehuda Halevi Street, Zentrum
Tel: 00972 (0)3 5606385
Seite 46

☞ Weitere Adressen finden Sie unter www.smart-travelling.net

Restaurant: Dallal
10 Shabazi Street, Neve Tzedek
Tel: 00972 (0)3 5109292
Seite 56

Café: Café Mersand
70 Ben Yehuda Street, Zentrum
Tel: 00972 (0)3 5234318
Seite 64

Café: Tamara Yogurt
96 Ben Yehuda Street, Zentrum
Tel: 00972 (0)3 5234449
Seite 72

Bar: Par Derriere
4 King George Street, Zentrum
Tel: 00972 (0)3 6292111
Seite 78

Shop: Olia
73 Frishman Street, Zentrum
Tel: 00972 (0)3 5223235
Seite 84

Gut zu wissen
Tipps, Ausflüge, Spaziergänge
Seite 89

DIE STADT, DIE NIEMALS SCHLÄFT

Egal, wie spät abends man über die Boulevards von Tel Aviv streift, immer sitzen dort Leute. Draußen im Restaurant bei einem nächtlichen Dinner, an der Bar einer der vielen Kioske auf einen Drink oder auf den Bänken, die auf den vielen Grünstreifen stehen. Die Weiße Stadt, wie sie wegen ihrer Bauhaus-Architektur genannt wird, ist eine, die niemals schläft.

Dreht sich in Jerusalem alles um die Religion, dreht sich in Tel Aviv alles um das Leben. Und das ist lässig. Bevor man jemanden im Anzug sieht, hat man bereits zahlreiche Surfer im Wetsuit gesehen. An der Ampel an der Herbert Samuel Street, die an den kilometerlangen Stadtstränden entlangführt, das Board unterm Arm oder am Fahrrad festgezurrt. Restaurants und Cafés haben ganz selbstverständlich auch am Shabbat geöffnet. Der Freitag, Beginn des Shabbat, ist sogar der beliebteste Ausgehabend der Woche.

Tel Aviv ist quicklebendig – aber nicht allzu groß. Vieles lässt sich einfach zu Fuß erreichen, und es macht Spaß, die Strandpromenade entlangzuflanieren, vom neuen Hafen im Norden, wo Bars, Cafés und Shops eröffnet haben, an den Hochhausburgen berühmter Hotels vorbei, dem lauschigen jemenitischen Viertel bis hin zur sandfarbenen Altstadt von Jaffa. Oder man schlendert über den Rothschild Boulevard, vorbei an zahlreichen der 4000 Bauhaus-Bauten, die zum UNESCO-Welterbe gehören. Unterwegs weht einem der Geruch von Falafel um die Nase, von Blätterteig-Burekas, oder man macht an einer der zahlreichen Fruit Juice Bars halt, in denen aus verschiedensten Früchten, die frisch aus den Kibbuzen kommen, Säfte gepresst werden. Genießen Sie, ganz wie die Tel Aviver es Tag für Tag tun.

NEVE TZEDEK HOTEL

Dass man sich bei ihnen sofort heimisch fühlt, ist das schönste Kompliment, das man Golan Dor und Tommy Ben-David machen kann. Und sie hören es oft. In ihrem denkmalgeschützten Wohnhaus mitten im schönen Viertel Neve Tzedek haben sie fünf Suiten eingerichtet, die von einem Studio bis zu einem Penthouse mit Blick auf die Skyline reichen – und jedes der Appartements ist ein Schmuckstück für sich. Barocke Sessel sind mit modernen Couchen kombiniert, Rokoko-Porzellandöschen stehen im Bad auf Naturstein, flauschige Teppiche sind über raue Böden verteilt und auf den verschiedenen privaten Terrassen stehen schnörkelige Eisenmöbel und auch schon mal eine Außenbadewanne. Das heimische Gefühl entsteht vor allem aber auch deshalb, weil das Hotel keine Lobby hat. Zwar steht bis zum Nachmittag eine Concierge bereit, doch man betritt das Hotel wie ein Wohnhaus und fühlt sich umgehend wie ein Teil der Nachbarschaft. Und die ist genauso interessant wie das Hotel selbst. Zu Beginn des 20. Jahrhunderts war Neve Tzedek das Viertel der Künstler und Intellektuellen, und auch der einstige Besitzer des Hauses, der seine Signatur an der Treppe hinterlassen hat, war einer von ihnen. In den Achtzigern wurde der Stadtteil zum angesagten Viertel.

Viele Restaurants sind um die Ecke, kleine Boutiquen, ein Bioladen mit grandioser Smoothie-Bar, ein Buchladen mit einer großen Auswahl an englischsprachiger Literatur und natürlich das Meer – und locken einen schon mal aus der Hotel-Oase hinaus.

Neve Tzedek Hotel Adresse: 4 Deganya Street, Neve Tzedek
Tel: 00972 (0)54 2070706 Internet: www.nevetzedekhotel.com
Preise: Suite ab 280 Euro inkl. Frühstück im Restaurant Nana

☞ The Varsano

Ganz in der Nähe des Neve Tzedek Hotels liegen die Varsano Suites in einer kleinen Straße zum Meer. Die vier Appartements sind über verschiedene Gebäude verteilt, mediterran eingerichtet und haben wunderbar lauschige Patios, die mal einen kleinen Brunnen oder einen Bottich mit Goldfischen haben, Kumquat-Bäume oder duftende Kräutertöpfe. Die Küchen sind mit allem Drum und Dran ausgestattet, an großen Tischen wird gemeinsam gegessen – und tritt man vor seine Eingangstür, an der ganz dezent ein kleines goldenes Schild hängt, ist man in ein paar Minuten am Strand und mitten im Trendviertel.

Adresse: 16 Hevrat Shass Street, Neve Tzedek
Tel: 00972 (0)77 5545500, Internet: www.thevarsano.com
Preise: Suite ab 255 Euro inkl. Frühstück im Dallal Restaurant

HOTEL **MONTEFIORE**

HOTEL MONTEFIORE

Ein bisschen hat man das Gefühl, man sei in Rom. Wenn man auf der schmalen Terrasse des Boutique-Hotels sitzt, mit Blick auf die Straße, auf adrett geschnittene Buchsbäumchen, opulente Blumentöpfe und halb heruntergelassene Rollos. Während draußen zum äußerst beliebten Frühstück Tee in Silberkännchen, Toast in auf Hochglanz polierten Ständern und Granola, Joghurt und frische Früchte in Silberschälchen serviert werden, schieben drinnen Ankommende ihre Louis-Vuitton-Köfferchen durch die Lobby, um dort einen der zwölf Zimmerschlüssel entgegenzunehmen, die an opulenten Troddeln baumeln. So gekonnt eklektisch wie das Haus aus den Zwanzigerjahren, das eine Vorahnung des Bauhaus-Stils mit hohen Decken und großen Fenstern kombiniert, ist auch die Einrichtung. Dunkle Holzböden, Orientteppiche, viel schwarzer Lack und weiße Bettwäsche mit junger israelischer Kunst kontrastiert. Jeder Raum zeigt Arbeiten eines anderen Künstlers, immer gibt es eine ganze Wand, die Bücherregal ist – mit internationalen Klassikern, Bildbänden über Fotografie, Design, Wein oder Architektur. Die schönste Architektur findet man gleich beim Montefiore selbst. Es liegt nahe dem berühmten Rothschild Boulevard in einer Gegend mit über 2000 Bauhaus-Gebäuden. Auch wegen der perfekten zentralen Lage ist das Hotel bei den Tel Avivern sehr beliebt. Sie verabreden sich an der Bar oder im hauseigenen Restaurant, das eine großartige vietnamesisch beeinflusste Küche serviert.

Hotel Montefiore Adresse: 36 Montefiore Street, Zentrum
Tel: 00972 (0)3 5646100 Internet: www.hotelmontefiore.co.il
Preise: DZ ab 280 Euro inkl. Frühstück

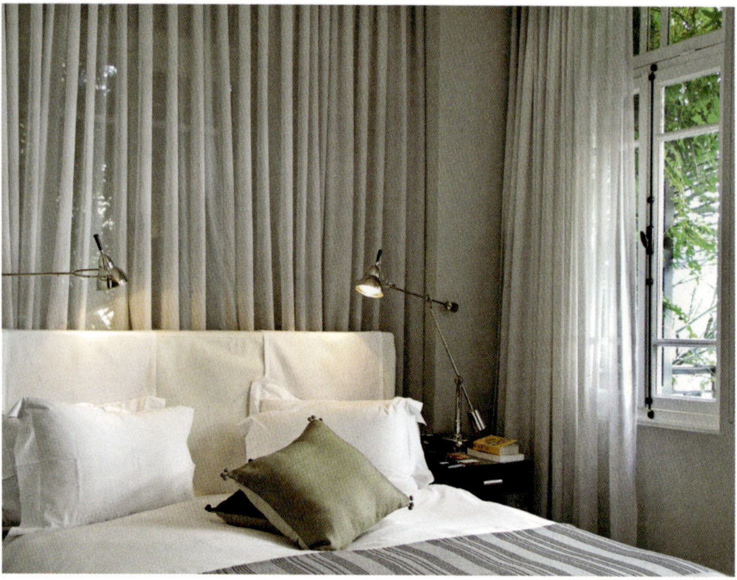

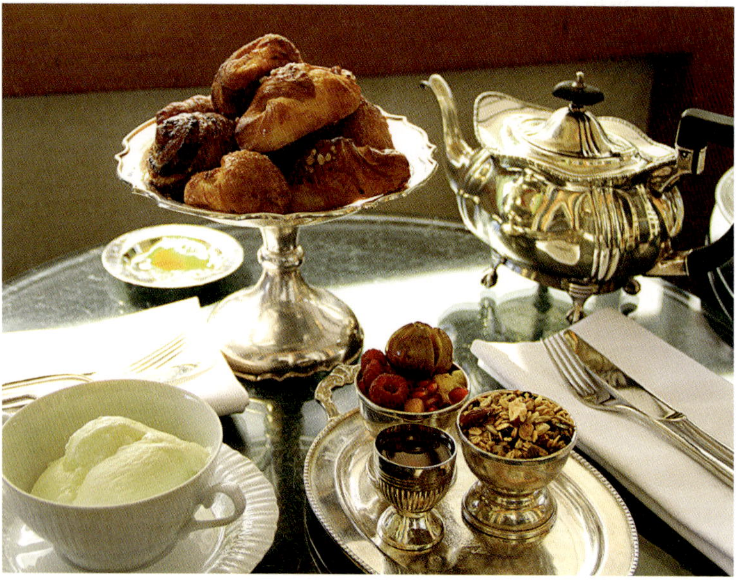

☞ Brown TLV

Das Stadthotel hat seinen Namen nicht von ungefähr. Ganz in Brauntönen ist es gehalten – von den Wänden über die Gardinen bis zu den Teppichen. Auch in der großen Lobby geht es braun-beige-kariert zu, samt einem gut gefüllten, spektakulären Bücherregal. Auf der Dachterrasse mit Sonnenbetten, Duschen und einer Badewanne hat man einen Blick über die Stadt, vorbei an den Gerippen halb fertiger Hochhäuser bis hin zum Meer. In der Lobby kann man sich Äpfel nehmen, Gebäck steht bereit, Kaffee, Tee und Cava, und man bekommt einen Frühstücksgutschein. Der gilt entweder für das Bio-Café Birenbaum, das Tazza D'Oro mit französischem Flair oder die Espresso-Bar Rothschild.

Adresse: 25 Kalisher Street, Zentrum, Tel: 00972 (0)3 7170200
Internet: www.browntlv.com, Preise: DZ ab 125 Euro inkl. Frühstück

☞ Gordon Hotel & Lounge

An der vierspurigen Straße, die am Strand entlangführt, und zwischen den internationalen Hotel-Burgen liegt das Gordon mit seinen zwölf Zimmern, ein Relikt aus der Bauhaus-Zeit. 1937 erbaut, ist es vom Designstudio 6B Studio in ein modernes Hotel verwandelt worden: mit clean gestylten Zimmern in viel Weiß und Grau, verglasten Bädern und Lichtanlagen, mit denen man zwischen romantischer, voller oder einer Willkommens-Beleuchtung wählen kann. Alle Zimmer haben einen Balkon, manche mit direktem Meerblick. Möchten Sie bei offenem Fenster schlafen, fragen Sie nach den ruhigeren Zimmern.
Das hauseigene Restaurant Salt serviert Bistro-Küche mit Meerblick.

Adresse: 2 Gordon Street, Zentrum, Tel: 00972 (0)3 5206100
Internet: www.gordontlv.com, Preise: DZ ab 220 Euro inkl. Frühstück

ORNA & ELLA

Für den perfekten Start in Tel Aviv sollten Sie zum Frühstücken in dieses sonnendurchflutete Restaurant gehen: Alles, was angeboten wird, ist organic – und das ist eine wirkliche Ausnahme in Israel. Noch während ihres Studiums haben Orna und Ella ein kleines Café eröffnet mit sieben Tischen und selbst gebackenen Kuchen und Tartes. Die waren so köstlich, dass die Gäste sie immer wieder drängten, das Angebot zu vergrößern. Seit elf Jahren gehört das Orna & Ella zu den schönsten und beliebtesten Restaurants der Stadt und Sie sollten am besten vorher reservieren. Berühmt sind die Süßkartoffelblinis zum Frühstück, die Eier im Nest, die in selbst gebackenem Brot gestockt wurden, die traditionelle Shakshuka, die aus pochierten Eiern in einer Sauce aus Tomaten und Zwiebeln besteht, köstlich leicht und etwas süßlich. Und dann die Brote aus dem eigenen Ofen: mit getrocknetem Koriander, Sonnenblumenkernen oder Walnüssen. Jeden Tag kann man bis 13 Uhr frühstücken, und wir können gar nicht aufhören, uns durch die Köstlichkeiten zu probieren. Ein perfekter Begleiter: der Morning Salad mit Gurke, Tomate, Minze und Petersilie, den man sofort auch als Frühstücks-Standard zu Hause einführen möchte. Und während man das alles genießt, kann man durch große Schaufenster auf die belebte Sheinkin Street schauen oder im hinteren begrünten Hof sitzen. Doch nicht nur das Frühstück ist ein Klassiker. Am Abend werden raffinierte Fisch- und Fleischgerichte serviert – und viele großartige Gemüse.

Orna & Ella Adresse: 33 Sheinkin Street, Zentrum
Tel: 00972 (0)3 5252085 Öffnungszeiten: Sonntag – Donnerstag
8.00 – 24.00 Uhr, Freitag und Samstag 10.00 – 24.00 Uhr

Ein Gespräch mit Ella Shine
Mitinhaberin des Restaurants Orna & Ella

Obwohl Ihr Restaurant gewachsen ist, machen Sie noch immer vieles selbst.
Oh ja, wir haben jetzt auch eine große Küche, backen unsere Brote und die Kuchen selbst, machen unsere eigene Mayonnaise, Tomaten-Chutney und auch alle Pickles.

Wie stellen Sie Ihre außergewöhnlich kombinierten Gerichte zusammen?
Wir konzentrieren uns ganz auf den Geschmack der einzelnen Produkte, gehen von ihren Besonderheiten aus. Unsere Ideen tragen wir anschließend zum Küchenchef, der sie ausprobiert, und dann kosten wir die Gerichte alle zusammen: Orna, der Chefkoch und Küchenmanager, die Kellner und ich diskutieren darüber und schauen, was schmeckt und was man noch besser machen kann.

Wodurch lassen Sie sich bei Ihren Gerichten inspirieren?
Vor allem von Rezepten, die in der überlieferten Tradition unserer Großmütter zubereitet und in denen oft Zutaten wie Couscous verarbeitet werden. Wir bleiben dabei aber immer offen für Neues, haben vor Jahren Quinoa entdeckt und waren die Ersten, die es angeboten haben. Andererseits lieben wir Gemüse und Früchte und saisonale Produkte und versuchen immer wieder, unsere Gerichte zu verbessern. Zum Beispiel benutzen wir keine Butter oder Sahne mehr, sondern ausschließlich Olivenöl.

Haben Sie ein absolutes Lieblingsgericht?
Das ist schwierig. Im Moment vielleicht das Huhn mit Granatapfel und braunem Reis. Wir haben das Fleisch erst in selbst gemachtem Granatapfel-Sirup eingelegt, aber irgendetwas fehlte, und dann haben wir Fenchel und Minze hinzugegeben, und jetzt ist die Kombination einfach toll. Ich liebe es, wenn der erdige braune Bio-Reis auf die Frische des Granatapfels trifft.

Süßkartoffelblinis mit Schnittlauch-Sauce

Für 25 – 30 Stück

Schälen Sie die Süßkartoffeln und schneiden Sie sie in große Stücke. In Wasser weich kochen lassen. Anschließend in einem Sieb abtropfen und eine Stunde ruhen lassen. Geben Sie die Kartoffeln in eine Schüssel, fügen Sie die Sojasauce hinzu und verkneten Sie beides zu einer Masse. Geben Sie Mehl, Zucker, Salz und Pfeffer dazu und verarbeiten Sie alles zu einem glatten, etwas klebrigen Teig. Kneten Sie den Teig aber nicht zu lange, sonst wird er zu klebrig.

Mischen Sie für die Sauce alle Zutaten und schmecken Sie sie mit Salz und Pfeffer ab.

Erhitzen Sie bei mittlerer Temperatur reichlich Butterschmalz in einer beschichteten Pfanne. Bereiten Sie nun die Blinis vor. Bei Orna & Ella wird der Teig durch einen Spritzbeutel gepresst. Sie können aber ebenso gut auch mit einem Esslöffel oder mit nassen Händen kleine Puffer formen und diese in der Pfanne von beiden Seiten goldgelb braten. Herausnehmen und kurz auf ein Küchenpapier legen. Anschließend richten Sie die Blinis zusammen mit der Sauce auf einem Teller an.

Süßkartoffelblinis:
1 ¼ kg Süßkartoffeln
2 TL Sojasauce
100 g Mehl
1 TL Zucker
1 TL Salz
½ TL frisch gemahlener
schwarzer Pfeffer
Butterschmalz zum Braten

Sauce:
¾ Tasse gehackter Schnittlauch
250 g saure Sahne
80 ml Mayonnaise
Salz und gemahlener Pfeffer
zum Abschmecken

SUZANA

Hier arbeiten die hübschesten Kellner der Stadt. Darin sind sich alle einig. Doch es gibt auch noch andere Gründe, in diese Institution in Neve Tzedek zu gehen: die große Terrasse, auf der man unter einem riesigen Ficus benjamina und bunten Lämpchen sitzt, die Bar auf dem Dach, von der aus man das Meer sieht und auch die bunte Gesellschaft. Zu den Nachbarn pflegt das Team seit mehr als 15 Jahren ein ausgesprochen gutes Verhältnis, die meisten kommen regelmäßig – und allabendlich bildet sich am Eingang vor der Terrasse eine Schlange. Man wartet, um einfach nur einen Drink zu nehmen, einen frischen, leicht zitronigen israelischen Flam Blanc Wein von 2010 zum Beispiel. Oder um die Platte mit verschiedenen gefüllten Speisen zu essen – eine Auswahl an Lauch und Zwiebeln, köstlichen getrockneten Aprikosen, mit Tomatenreis oder dem Rote-Bete-Salat mit Karotten, Erdnüssen und Grapefruit. Wer dann auch nur noch etwas Platz hat, sollte auf keinen Fall den selbst gemachten Schokoladenkuchen mit dunklem Boden und weißer Creme verpassen. Er ist einfach köstlich! Entweder man geht danach noch auf einen Absacker auf die lauschige Dachbar oder schlendert durchs Viertel. Gegenüber liegt das berühmte Suzanne Dellal Center für Tanz und Theater, um die Ecke das Ha-Tachana, der alte Bahnhof von Jaffa, heute ein Areal mit Cafés, Bars und Boutiquen – und von dort aus sind es dann auch nur ein paar Schritte zum Strand.

Suzana Adresse: 9 Shabazi Street, Neve Tzedek Tel: 00972 (0)3 5177580
Internet: www.rest.co.il/suzana Öffnungszeiten: Samstag – Donnerstag 10.00 – 24.00 Uhr, Freitag 9.30 – 1.00 Uhr, die Bar ist im Sommer ab 19.00 Uhr geöffnet

YOEZER WINE BAR

Wenn Shaul Avron, einer der beiden Besitzer der Yoezer Wine Bar, persönlich zum Essen kommt, lässt der „Pate der israelischen Fine Cuisine" sich Entrecote servieren. Und dann genießt er. Ganz still und ohne ein Wort zu verlieren. Und das sollte man eigentlich auch tun, denn das Yoezer serviert das beste Fleisch der Stadt. Jedes Stück wird von Avron persönlich ausgesucht – und anschließend in dem kerzenbeleuchteten Gewölbe serviert. Sogar Schweinefleisch wird angeboten. Eine wirkliche Ausnahme. Aber auch sonst ist alles besonders hier. Der Service ist so exzellent wie unprätentiös, die Weinkarte top. Perfekt ist der Luriya Rouge Haute Galilee 2007, von einem kleinen Weingut im Norden des Landes, der leicht ist, aber gleichzeitig warme Noten hat. Das rustikale Brot wird mit einem Berg Butter, der an den Tellerrand gestreift ist, gereicht, die 40 Yolk Noodels aus 40 Eigelb und mit Parmesan sind genauso köstlich wie das Carpaccio und das gestockte Ei mit Trüffel.
Das Yoezer ist eine Oase in einem arabischen Haus, man sitzt an alten Holztischen, die antiken Stühle sind bunt zusammengewürfelt – und die Stimmung ist so entspannt, dass man natürlich auf keinen Fall so in sich gekehrt wie der Hausherr sein Essen genießen sollte. Herrlicherweise spielt keine Musik und so lenkt nichts von der perfekten Küche und der wunderbaren Atmosphäre ab. Der gelungene Abschluss: Joghurt-Eis mit Olivenöl und Limettenstreifen, ganz pur und frisch.

Yoezer Wine Bar Adresse: 2 Yoezer Ish Habira Street,
Clock Tower Square, Jaffa Tel: 00972 (0)3 6839115
Internet: www.yoezer.com Öffnungszeiten: Sonntag – Donnerstag
12.30 – 1.00 Uhr, Freitag und Samstag 11.00 – 1.00 Uhr

☞ Container

In einer umgebauten Lagerhalle im Hafenviertel von Jaffa liegt dieses Restaurant. Und man kann sich gar nicht entscheiden, ob man drinnen inmitten riesiger wilder Gemälde sitzen möchte oder draußen mit Blick auf die schaukelnden Boote – und den Strom der Flaneure, der freitags und samstags nicht abreißt. Will man den Brunch wie das Fisherman's mit rohem Fisch, Tahina und anderen Köstlichkeiten in Ruhe genießen, sollte man unter der Woche kommen. Das Brot ist selbst gebacken, der Fisch ist fangfrisch und wird ganz schlicht mit Kleinigkeiten serviert – oder in dem großen Ofen von Hand geräuchert mit Citruswood, das ihm ein ganz besonderes Aroma gibt.

Adresse: Warehouse 2 im Hafen von Jaffa, Tel: 00972 (0)3 6836321
Internet: www.container.org.il, Öffnungszeiten: Täglich 12.00 – 24.00 Uhr,
Freitag und Samstag 10.00 – 13.00 Uhr Brunch

JOZ & LOZ

Um dieses wunderbare lauschige Restaurant rankt sich eine Liebeslegende. Zwei Frauen, die sich Hals über Kopf ineinander verliebten, sollen es vor acht Jahren eröffnet haben. Ein Geschenk der einen an ihre Freundin …
Ob die Geschichte stimmt, weiß keiner, und fragt man die Kellnerinnen, antworten sie mit einem geheimnisvollen Lächeln. Aber da glaubt man es sowieso längst. So persönlich wie Joz & Loz eingerichtet ist, mit alten Holztischen, dem dämmerigen Licht, frischen Blumen und einer offenen Küche, in der malerisch Pfannen, Töpfe und Siebe hängen. Es ist das einzige Restaurant in Tel Aviv, das palästinensisches Bier serviert, das süßlich-süffige Taybeh. Und auch die Frage nach israelischem Wein erübrigt sich. „Natürlich haben wir den", strahlt die Kellnerin und bringt einen frischen Recanati von 2010. Während wir dazu noch wunderbar knackiges Ceviche mit Koriander und Chili genießen und Gurkensalat mit Feta, bildet sich an der Tür bereits eine Schlange – aus Jungen und Alten, Familien und Trend-settern, die sich alle auf den Weg in die wenig angesagte Gegend gemacht haben. Das Essen ist es umso mehr: Der gegrillte Fenchel mit Roter Bete braucht nicht mehr als etwas Crème fraîche, mit der er serviert wird, der Spinat gerade mal den schlichten Joghurt und das „Christmas"-Huhn mit Mandeln und Zimt ist genauso verblüffend wie der Ziegenkäse mit süßen Trauben als krönendes Dessert. Und dabei sitzt man unter Tel Avivern – an warmen Abenden auch im Hof am Eingang des Restaurants.

Joz & Loz Adresse: 51 Yehuda Halevi Street, Zentrum
Tel: 00972 (0)3 5606385 Öffnungszeiten: Sonntag – Freitag 18.00 – 1.00 Uhr

Ein Gespräch mit Noa Levi
Köchin im Joz & Loz

Sie haben uns überrascht. Wie entstehen Ihre großartigen Gerichte?
Das kommt ganz darauf an. Die Karte wechselt täglich, denn wir richten uns danach, was wir ganz frisch bekommen – und wir sind ständig auf der Suche nach neuen Kombinationen. Wir sind abenteuerlustig und lassen uns von der Auswahl auf dem Markt inspirieren, von Geschmackserlebnissen, die Freunde auf Reisen hatten, von Romanen, alten Rezepten und eigenen Erinnerungen.

Gibt es eine bestimmte Küche, die Sie bevorzugen?
Ich würde unsere einen Mix aus französischer, italienischer und persischer Küche nennen. Aber wir bewegen uns in keinem abgesteckten Rahmen, wir sind offen für alles, für jede Zutat, jedes Gewürz – und jedes Geschmackserlebnis.

Also probieren Sie viel aus?
Oh ja, allerdings kochen wir meist ohne Kuhmilchprodukte. Das ist die einzige Einschränkung. Ansonsten steht die einzelne Zutat und ihr authentischer Geschmack immer im Mittelpunkt, von ihm gehen wir aus. Wie bei den Früchten zum Ziegenkäse, die Sie gegessen haben. Es war ein langer Weg zu dieser Art Chutney, und schließlich haben wir die Trauben ähnlich wie Marmelade eingekocht, und zwar wenn sie unreif sind, denn das ergibt noch einmal einen ganz besonderen Geschmack. Oft muss die Zubereitung aber gar nicht so aufwendig sein. Ist das Gemüse vollmundig, reicht oft ein Hauch an Crème fraîche oder Joghurt, denn es kann geschmacklich einfach für sich stehen.

Das ist das Geheimnis von sonnengereiftem Gemüse hier.
Ja, und unser zweites und wirklich letztes Gebot. Alles muss marktfrisch sein und der Rest handgemacht. Wir haben zwar irgendwo einen Dosenöffner, aber ich kann mich nicht erinnern, wann wir ihn zum letzten Mal benutzt haben. Wahrscheinlich ist er längst verrostet ...

Gurkensalat mit Schafskäse und Granatapfel
Für 4 Personen

Die Gurken in dünne Scheiben schneiden und den Rucola zerpflücken. Minze und Dill fein hacken. Alle Zutaten mit Walnüssen und Granatapfelkernen vermischen. Den Schafskäse in kleinen Stücken darüber verteilen.

Für das Dressing Olivenöl und Zitronensaft miteinander verquirlen, mit Salz und Pfeffer abschmecken und über den Salat geben.

2 Salatgurken
eine Handvoll Rucola
einige Stängel frische Minze und frischer Dill
1 Tasse frisch gehackte Walnüsse
1 Tasse Granatapfelkerne
200 g Schafskäse
5 EL Olivenöl
Saft einer Zitrone
Salz und Pfeffer

☞ La Shuk

Schon wenn man hereinkommt, riecht es wunderbar würzig, riesige Emaille-schüsseln mit Auberginen, Tomaten und Zitronen stehen überall in der offenen Küche herum, dazu schwirren Musik und Stimmengewirr.

In dem Restaurant und Café direkt am Dizengoff Square ist es immer voll, im großen Innenraum und auf der Terrasse direkt an der Straße. Hier trifft sich tout Tel Aviv – vom Studenten bis zur Familie – und isst gegrillten Halloumi-Käse, die köstliche „Market"-Platte mit Rind und Koriander, Oliven und Zwiebeln, während gut gelaunte Mädchen selbst gemachte Limonade mit oder ohne Minze und israelischen Kaffee mit Kardamom servieren.

Adresse: 92 Dizengoff Street, Dizengoff Square, Zentrum
Tel: 00972 (0)3 6033117, Öffnungszeiten: Täglich 12.00 – 0.30 Uhr

DALLAL

Auf der kleinen Terrasse, die ins Dallal führt, sieht es immer wie Weihnachten aus, wenn abends die vielen weißen Lichterketten die verschnörkelten Tische und Stühle beleuchten. Innen geht es genauso lauschig zu. Etwas gediegener sitzt man im vorderen Restaurantteil auf Lederbänken und opulenten Sesseln, legerer im Wintergarten an hohen Tischen und umgeben von Kellnern, die unermüdlich zwischen Küche, Bar und Restaurant hin- und herflitzen. Sage und schreibe 120 Leute arbeiten im Dallal und der Service ist so lässig wie perfekt. Einer der Kellner empfiehlt uns den würzig leichten Adama Sauvignon Blanc und tischt köstliche selbst gebackene Foccacia mit Auberginenmousse auf, frischen Calamari-Salat, gegrillte Artischocken und das „Mushroom Festival" mit Porcini-Mousse und reduziertem Balsamico. Darauf folgen Lammkoteletts mit Frike, einem Bulgur mit Zwiebeln und Limone, das Angus-Steak kommt mit Süßkartoffelmus und Mangold. Oder der Rotbarsch mit Tahina, Mandeln und Tomaten, der leicht scharf ist und seine Geschmacksrichtung immer wieder ändert.
Der israelische Merlot Bravdo aus der Karmei Yossef Winery ist sehr kräftig und passt hervorragend zu dem, was folgt: die Nachspeisen aus der angegliederten Bäckerei. Als einer der Kellner erzählt, dass manche Leute spätabends extra ihretwegen vorbeikommen, verstehen wir das sofort. Das Himbeersorbet knistert vor Frische, der geschlagene Ziegenkäse ist umwerfend cremig und die Schokoladennougat-Creme herrlich.

Dallal Adresse: 10 Shabazi Street, Neve Tzedek
Tel: 00972 (0)3 5109292 Internet: www.dallal.co.il
Öffnungszeiten: Täglich 9.00 – 1.00 Uhr (Küche schließt um 23.30 Uhr)

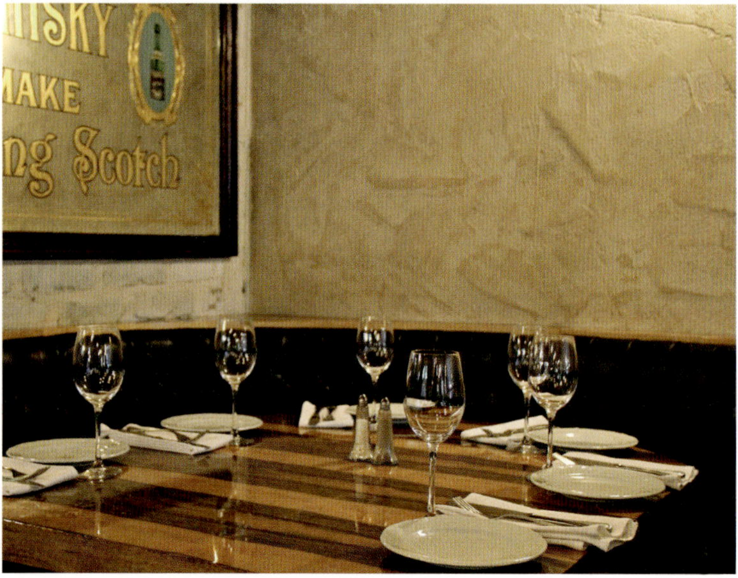
MAKE
Scotch

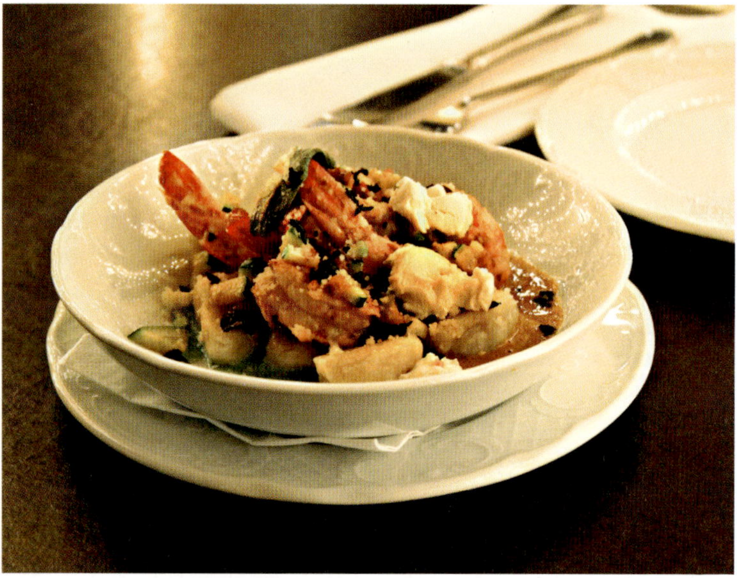

Ein Gespräch mit Golan Gurfinkel
Chefkoch und Mitbesitzer des Dallal

Sie wussten schon sehr früh, dass Sie Koch werden wollen …
Mit sechs, als meine Mutter mich fragte, was ich mal werden will. Sofort habe ich Koch gesagt, den Begriff Küchenchef kannte man damals noch nicht. Ich habe dann in der Armee gekocht, in Paris gelernt, war später Head Chef.

Und jetzt sind Sie Ihr eigener. Wie kam das?
Vor acht Jahren kam eine Dame, die bei mir zu Gast war, auf mich zu und sagte, dass sie gerne ein Restaurant eröffnen möchte und ob ich dort kochen wolle. Wir starteten zu dritt, mit nichts außer Stift und Papier, und haben dann nach und nach einen Plan aufgestellt. Wir haben alles selbst gemacht, und ich kann Ihnen sagen, dass Blut in den Wänden ist. Unseres.

Das Dallal wird für seine Küche gefeiert. Was ist Ihr Geheimnis?
Wir haben bescheiden begonnen, aber alles, was heute in der Küche verarbeitet wird, ist beste Qualität. Wir arbeiten mit verschiedenen Bauern zusammen, und jeden Morgen um sechs ruft der Fischer an und sagt, was er gefangen hat. Wichtig ist mir, dass die Produkte nicht zu stark verändert werden, dass sie pur und nicht stylish sind.

Wie stellen Sie Ihre Menüs zusammen?
Ich überlege sie mir immer am Strand. Ich tauche, dabei kann ich am besten abschalten, das ist mein Ort für Inspiration.

Wie oft wechseln Sie das Menü?
Alle drei, vier Monate. Im Sommer möchte ich, dass die Leute sich leicht fühlen. Im Winter achte ich eher darauf, dass sie sich von innen gewärmt fühlen – aber erinnere sie dabei auch gern mal an den Sommer. Zum Bespiel mit einem Lammstew und einem Salat obendrauf.

☞ Konditoria Dallal

Ein Paradies für alle, die Süßes lieben, mit lachsfarbenen Wänden, dunklem Holz, einer schmalen Veranda zur Straße hin – und Köstlichkeiten, die sich auf den Etageren und unter vornehmen antiken Glashauben stapeln: Cupcakes und Törtchen in allen Variationen, mit Zucker oder frischen Feigen garniert, die Brioches sind köstlich flauschig, unübertroffen aber die kleinen Schokoladencroissants namens Rogalach. Sie sind durch und durch mit Schokolade durchzogen und dabei dennoch nicht zu süß. Lassen Sie sich ein paar davon in die schicken Dallal-Tütchen einpacken, bestellen Sie sich einen Coffee-to-go, und setzen Sie sich auf die Terrasse vor der Bäckerei.

Adresse: 7 Kol Yisrael Chaverim, Neve Tzedek, direkt hinter dem Dallal
Tel: 00972 (0)3 5109292, Internet: www.dallal.co.il, Öffnungszeiten: Sonntag – Donnerstag 7.00 – 22.00 Uhr, Freitag 7.00 – 17.00 Uhr

CAFÉ MERSAND

Gerade noch steht man auf der viel befahrenen Ben Yehuda Straße – und plötzlich in einem Interieur, das aus dem schönsten Sechzigerjahre-James-Bond-Film stammen könnte oder aus den Erinnerungen eines betagten Schriftstellers. Charmant abgeschrabbelte mahagonivertäfelte Wände, kleine Tischchen mit schlichten Hockern, Gladiolen in einer Vase – und dazu ein wunderbar illustres Publikum. Das Mersand ist das Intellektuellen-Café aus althergebrachten Tagen, quasi die israelische Version der Wiener Kaffeehäuser. Und genau das hatte Walter Mersand, ein Einwanderer aus Deutschland, auch im Sinn, als er das Café 1955 eröffnete. Seit jeher treffen sich hier Dichter und Denker zu Kaffee und Kuchen, und heute mischt sich schon mal ein Fernsehstar unter die Klientel. Seit vielen Jahren werden die Mersand-Kuchenklassiker wie Käsekuchen mit Merengue, der tolle saftige Apfelkuchen, Aprikosen-Hefekuchen oder der köstliche Mohnzopf von einer Dame aus der Nachbarschaft gebacken. Dazu gibt es Sandwiches und Börek, nach Freitagabend Huhn und Rind. Doch auch die Gegenwart wird hier nicht verschmäht. Man hat sein iPad auf dem Schoß, ein Herr ist in einen archäologischen Bildband vertieft, ein anderer zapft mit einer abenteuerlichen Konstruktion Strom für seinen Laptop aus der Steckdose der Ventilatoren auf der Terrasse. Unter großen Markisen kann man dort das Leben an sich vorbeiziehen lassen, umgeben von manch qualmender Zigarette und vielen angeregten Gesprächen.

Café Mersand Adresse: 70 Ben Yehuda Street, Zentrum
Tel: 00972 (0)3 5234318 Öffnungszeiten: Sonntag – Donnerstag
7.30 – 24.00 Uhr, Freitag 7.30 – 20.00 Uhr, Samstag 9.00 – 24.00 Uhr

☞ Sonia Getzel Shapira

Die Plastikstühle des Sonia sind so hässlich, dass sie schon legendär sind. Doch sie sind eigentlich sowieso nicht zu sehen, denn in dem großen grünen Hinterhof des Cafés ist es immer voll. Kinderwagen stehen am Rand, Hunde räkeln sich auf dem Kies, man ist unter Freunden, quatscht, trifft andere, und das bis spät am Abend. Die Karte ist simpel, eine Spezialität sind die Shashuka-Varianten, die es mit Ziegenkäse oder mexikanisch mit Fleisch, „green" mit Spinat, italienisch mit Mozzarella oder auch ganz klassisch gibt. Marc, der hinter der Bar steht, zaubert zu Hause die Schokoladendesserts, zum Beispiel das herrlich leicht flüssige Soufflé, das mit Eiscreme serviert wird.

Adresse: 1 Simta Almonit Street, Zentrum
Tel: 00972 (0)77 5261234, Öffnungszeiten: Täglich 9.00 – 24.00 Uhr

TAMARA YOGURT

Warum gibt es so einen Laden noch nicht überall, fragt man sich sofort, wenn man das Tamara Yogurt betritt – und hat man sich erst mal seine ganz persönliche Portion zusammengestellt, bedauert man das umso mehr. Ganz simpel ist das, was hier einfach glücklich macht: Joghurt, gefroren oder auf Zimmertemperatur und garniert, verziert, gestapelt und vermengt mit dem, was man am liebsten mag. Dazu kann man sich frische Feigen, Kiwis, Bananen, Kaki, Granatapfel oder Datteln aussuchen, sie bei Bedarf mit Cranberries, Halva, Rosinen, Mandelsplittern, bunten Perlen oder Schokostreuseln garnieren – der Fantasie sind dabei keine Grenzen gesetzt. Es gibt auch Granola und verschiedene Müslimischungen, alles wird in schlichten weißen Pappbechern beeindruckend geschichtet, gestapelt und drapiert und mit einem hellblauen, durchsichtigen Plastiklöffel obendrin serviert. Die Früchte sind saisonal, der Joghurt wird pur oder wahlweise mit Granatapfel, Mango oder in anderen Geschmacksrichtungen angeboten, und man muss durchaus schon mal Schlange stehen, gerade am Wochenende, und das bis in die Nacht. Dann ist der große helle Joghurt-Laden mit dem überlebensgroß an die Wand gemalten Mädchen Tamara ein Zwischenstopp für Flaneure und Nachtschwärmer. Löffeln kann man seine Kreation an einer Bar, draußen an kleinen Tischen oder sanft schwingend auf einer der Schaukeln im Fenster.

Tamara Yogurt Adresse: 96 Ben Yehuda Street, Zentrum
Tel: 00972 (0)3 5234449 Öffnungszeiten: Sonntag – Freitag 9.30 – 1.00 Uhr, Samstag 10.30 – 1.00 Uhr, im Winter täglich bis 24.00 Uhr

☞ Tamara Juice

Genauso frisch geht es auch in der Saftbar des Tamara zu. Wie eine bunte Oase mit Bananen, Kakis und Granatäpfeln steht der Kiosk auf dem Flanierstreifen des Ben Gurion Boulevards. Melonen und Ananas sind so hoch aufeinandergestapelt, dass man die Bedienung kaum sieht. Frisch bereitet sie Säfte zu mit allem, was das Herz begehrt, man kann sich à la carte durchprobieren, seine eigenen Favoriten zusammenstellen oder sich beraten lassen, je nachdem, was für einen Vitaminkick man gerade braucht. Abends leuchtet das Tamara Juice wie eine bunte Fata Morgana und ist umringt von Nachtschwärmern. An ein paar Tischen kann man das Treiben in Ruhe genießen.

Adresse: 171 Dizengoff Street, Ecke Ben Gurion Boulevard, Zentrum
Öffnungszeiten: rund um die Uhr geöffnet von Samstag (eine Stunde nach Shabbat) – Freitag (eine Stunde vor Shabbat)

PAR DERRIERE

Man muss schon genau schauen, denn der Eingang zu dieser Weinbar liegt unscheinbar in einer belebten Straße, und kein Schild verrät ihre Existenz. Aber biegt man in den schmalen überdachten Gang zwischen zwei Häusern ein, steht man plötzlich unter freiem Himmel, in einem verwunschenen Garten mit Palmen und Holztischen, alles beleuchtet von Kerzen, orientalischen Lampen und einer Sixties-Designerleuchte, die aus einem Bambusstrauch hervorlugt. David Aboucaya, der in Paris geboren und aufgewachsen ist, hat die Weinbar vor zwei Jahren eröffnet und er wundert sich bis heute darüber. Schließlich ist er von Beruf Immobilienmakler, hat erst das Vorderhaus gekauft, dann den kleinen Laden im Hinterhof und sah plötzlich den perfekten Ort für eine Bar vor sich. Eine kleine Karte bietet Käse, Lachstatar, Hühnerleber und köstliches dunkles Mousse au chocolat an. Es passt perfekt zu dem Yarden Pinot Noir 2007, einem der mehr als 100 Weinsorten, die Aboucaya im Angebot hat: Mehr als 50 davon sind israelische. Nur Wein aus den besetzen Gebieten serviert er nicht. Das ist für ihn Ehrensache. Genauso ausgesucht wie die Weine ist der Mojito, der als bester der Stadt gilt, hergestellt mit Limonen vom hauseigenen Baum, der wegen der großen Nachfrage fast abgeerntet ist. Immer wieder wird Aboucaya gebeten, doch auch tagsüber zu öffnen. Doch er winkt ab. Schließlich ist der Garten dann sein Büro, von dem aus er Immobilien managt – und am Konzept für ein weiteres Lokal arbeitet.

Par Derriere Adresse: 4 King George Street, Zentrum Tel: 00972 (0)3 6292111 Internet: parderriere.rest-e.co.il Öffnungszeiten: Samstag – Donnerstag 18.00 – 2.00 Uhr, Freitag 20.30 – 2.00 Uhr

☞ Israelische Weine

In der Regel sind israelische Weine schwerer und mit 15 % Alkohol stärker als üblich, bedingt durch die zahlreichen Sonnentage.

Während der letzten zehn Jahre hat in Israel das Interesse für Wein stark zugenommen. Früher gab es nur einige wenige Weingüter, mittlerweile sind es um die 350. Der jährliche Konsum stieg rasant: von zwei auf zehn Liter Wein pro Person.

Die meisten der israelischen Weine sind koscher, das heißt in den ersten Jahren sind die Trauben für Gott reserviert, erst dann werden sie von gläubigen Juden geerntet. Im Geschmack macht die koschere Herstellung keinen Unterschied.

Bevorzugte Weingüter von David Aboucaya, Besitzer des Par Derriere: Flam, Castel und Margalit.

OLIA

In diesem Shop, der Mitglied der Slow-Food-Organisation ist, dreht sich alles um erstklassige israelische Oliven. Sie werden vor allem zu Olivenöl verarbeitet, extra virgin, kalt gepresst und von der israelischen Behörde für Oliven zertifiziert. Es werden viele Ölvarianten angeboten, denen jeweils eine andere Olivenart zugrunde liegt. Olia hat es sich zur Aufgabe gemacht, die israelische Olive zu neuen Ehren zu bringen, sie aus ihrem Schattendasein in der Küche zu befreien, um zu zeigen, wie viele verschiedene Geschmacksrichtungen es gibt. Um das herauszufinden, kann jeder drei bis vier Öle testen. Mehr sollte man nicht verkosten, denn dann, ähnlich wie bei Parfum, kann man die Nuancen nicht mehr unterscheiden. Ausgewählt werden die Probiersorten danach, wofür man das Öl benutzen möchte und welchen Geschmack man besonders mag. Großartig: Arbequina mit einer sehr speziellen fruchtigen Note, Kalmata, das durch eine ungewöhnlich sämige Konsistenz auffällt, und Nabali, das an Gras erinnert. Neben den Ölen gibt es eine tolle Auswahl an Vinaigretten: eine mit Feigen, die hervorragend zu Carpaccio passt, eine leichte, frische mit Granatapfel und die Kumquat-Knoblauch Vinaigrette, bei der man förmlich schmeckt, wie gut sie sich zu gedünstetem Gemüse macht. Die Beratung ist spannend, die Empfehlungen sind passgenau. Probieren Sie auf jeden Fall auch die süßen Oliven, die, in Limone gekocht, gleichzeitig süß, sauer und scharf schmecken. Zum Marktimbiss von Olia lesen Sie Seite 102.

Olia Adresse: 73 Frishman Street, Zentrum Tel: 00972 (0)3 5223235
Internet: www.olia.co.il Öffnungszeiten: Sonntag – Donnerstag
9.30 – 19.30 Uhr, Freitag 9.30 – 15.00 Uhr, Samstag geschlossen

SMART
TRAVELLING

GUT ZU WISSEN

Tel Aviv ist groß – darum ist dieser Infoteil so klein. Hier erfahren Sie nicht alles und jedes, sondern genau das, was Sie für ein perfektes Wochenende brauchen. Wenige, aber genau die richtigen Informationen: Wissenswertes über die Tel Aviver Lebensart, eine kleine subjektive Auswahl an Sehenswürdigkeiten, Spaziergängen und Tipps für Ausflüge. Dazu einen Stadtplan mit all unseren Lieblingsadressen, damit Sie nicht lange suchen müssen, sondern gleich anfangen können, Tel Aviv zu genießen.

ARCHITEKTUR IN TEL AVIV

Die Bauhaus-Stadt

Der Dichter Nathan Altermann (1910 – 1970) gab Tel Aviv den schönen Beinamen „Weiße Stadt". Denn nirgendwo auf der Welt ist so viel Bauhaus-Architektur versammelt wie hier – mehr als 4000 Bauten mit runden Balkonen, klaren Formen und weiß getüncht.

Errichtet wurden sie von jungen europäischen Architekten, von denen zahlreiche nach der Machtergreifung der Nationalsozialisten und der Schließung des Weimarer Bauhauses 1933 aus Deutschland nach Israel kamen. In dieser Zeit verdreifachte sich die Einwohnerzahl Tel Avivs auf 150 000, und mehr Wohnraum wurde dringend benötigt.

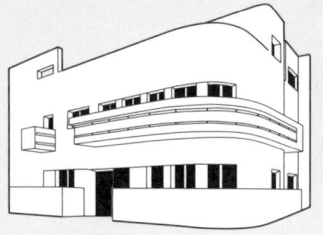

Architekten wie Zeev Rechter, Arieh Scharon, Shmuel Miestechkin, Dov Karmi oder Genia Averbuch hatten am Weimarer Bauhaus studiert und folgten bei den Bauten in Tel Aviv den Ideen ihrer Lehrer wie Walter Gropius, Mies van der Rohe oder Le Corbusier. Diese propagierten eine Abkehr vom Historismus und eine Ästhetik ohne Schnörkel, die sich durch ein „weniger ist mehr", durch klare Linien, Flachdächer und Formen, die aus ihrer Funktion entstehen, auszeichnet. Das waren Ideen, die dem Neubeginn und der Aufbruchstimmung, die im Land herrschte, entsprachen und zudem modernen bezahlbaren Wohnraum schafften.

Zugleich passten die jungen Architekten ihren „International Style" den Gegebenheiten Tel Avivs an, in-

dem sie viele Häuser mit „pilotis" versahen, Säulen, die die Erdgeschosswohnungen vor dem afrikanischen Staub, der regelmäßig durch die Stadt weht, schützten.

Diese Säulen sind ein Markenzeichen der israelischen Bauhaus-Häuser, hinter deren nüchterner Fassade sich zumeist kleine, einfache und oft nur zwei Zimmer große Wohnungen befanden, von denen heute viele mit Durchbrüchen vergrößert wurden. Das flache Dach aber gehörte immer allen, dort traf man sich, feierte, genoss die Abendluft – und tut es bis heute.

Nachdem die Häuser in den Sechzigerjahren immer stärker vernachlässigt wurden, das Weiß verblasste, die Fassaden bröckelten, sie mit Klimaanlagen verschandelt und viele der Balkone zu zusätzlichen Zimmern umgebaut worden waren, bildeten sich in den Neunzigern Bürgerinitiativen zum Schutz der Häuser. Auch die Stadt förderte ihre einzigartige Architektur, und heute erstrahlt ein großer Teil der Bauten wieder in altem Glanz. 2003 brachte dieses architektonische Erbe Tel Aviv einen ehrenvollen Platz auf der Liste der UNESCO-Kulturdenkmäler, und man kann die einzigartige Architektur-Ansammlung wie ein Freiluftmuseum durchlaufen.

Bauhaus-Führungen
Um die Bauhaus-Architektur zu erkunden, kann man an verschiedenen Führungen teilnehmen. Das Bauhaus Center in der Dizengoff Street bietet jeden Freitag um 10 Uhr einen Rundgang in englischer Sprache an (60 Shekel), Treffpunkt ist direkt am Bauhaus Center. Wer allein auf Entdeckungstour gehen möchte, kann sich dort auch einen Audio-Guide auf Deutsch oder Englisch ausleihen. Zudem finden im Bauhaus Center wechselnde Ausstellungen statt, und im Shop gibt es Postkarten, Bücher, Kataloge und Souvenirs.

Die Stadt bietet eine kostenlose englischsprachige Führung an. Jeden Samstag um 11 Uhr startet sie am Rothschild Boulevard/Ecke Shadal Street.

Bauhaus Center
99 Dizengoff Street, Zentrum
Tel: 00972 (0)3 5220249
www.bauhaus-center.com
Sonntag – Donnerstag
10.00 – 19.30 Uhr,
Freitag 10.00 – 14.30 Uhr,
Samstag 12.00 – 19.30 Uhr

Peres Peace House
1996 gründete der Friedensnobelpreisträger und heutige Staatspräsident Shimon Peres eine unabhängige Organisation, die Frieden und Versöhnung für und durch die Völker des Nahen Ostens fördern soll. Ihr Hauptquartier ist das spektakuläre Peres Peace House, das die römischen Architekten Massimillano und Doriana Fuksas am südlichen Ende von Jaffa bauten. In variierender Dicke stapelten sie Schichten aus Beton und Glas zu sechs Stockwerken übereinander. Die Architekten nennen das Gebäude, das einzig von innen den Blick auf das Meer unversperrt freigibt, ein „Sinnbild des Ausnahmezustandes". Bei Dunkelheit strahlt das Peres Peace House von innen beleuchtet weit hinaus, tagsüber ist die angrenzende Piazza ein beliebter Treffpunkt der Bewohner der Stadt. Sie sollten zum Sonnenuntergang dort hingehen. Dann sitzen viele Tel Aviver auf den Treppen und genießen die Aussicht.

Es werden 45-minütige Führungen durch das Gebäude angeboten. Rufen Sie an, um einen Termin auszuwählen.

132 Kedem Street, Jaffa
Tel: 00972 (0)3 5680680
www.peres-center.org

Baustile in Tel Aviv

Natürlich werden Sie nicht nur Bauhaus-Architektur sehen, wenn Sie die Stadt erkunden.

Am Strand türmen sich die Hochhausburgen der großen Hotelketten, es gibt historische maurische Einflüsse mit Bögen und hohen Fenstern, original arabische Architektur und dazu die schnell hochgezogenen Wohnkästen, die im Zuge der großen Einwanderungswelle in den Sechzigerjahren entstanden. Die Baustile stehen gleichberechtigt nebeneinander und machen den eklektischen Charme aus. Ganz zu schweigen von den vielen Neubaugerippen, die sich ins Stadtbild mischen. Eine aufregende Mixtur, unterbrochen von orientalischen Märkten, Postmoderne und spannenden Details wie der Brise Soleil, kunstvoll durchbrochenen Beton-Fassaden, die als Sonnenschutz für Häuser und Bewohner dienen. Um diese Vielfalt zu erkunden, können Sie sich mit Architec.tour auf den Weg machen.

www.telavivarchitecture.com

Rothschild Boulevard

Der Boulevard, der vom Neve-Tzedek-Viertel nahe Jaffa in den Norden zum Habima National Theater führt, ist die bedeutendste Straße der Stadt. Sie wurde als eine der ersten und auf Sanddünen gebaut, hieß ursprünglich Rehov HaAm, Straße der Leute, doch ihre Bewohner beantragten, sie zu Ehren des Barons Edmond James de Rothschild (1845–1934) umzubenennen. Das Mitglied der berühmten Bankerfamilie hat den Aufbau Israels mit großzügigen Spenden maßgeblich unterstützt, und seit 1919 trägt der Boulevard seinen Namen.

Der Rothschild Boulevard, auf Hebräisch Sderot Rothschild genannt, ist nicht nur eine der teuersten Straßen der Stadt, sondern auch die geschichtsträchtigste. Ein Spaziergang führt an der Independence Hall vorbei, die an dem Ort steht, wo Israels erster Premierminister Ben-Gurion am 14. Mai 1948 die Gründung des Staates Israel ausrief.

Eines der Häuser an der Ecke Rothschild Boulevard und Herzl Street wurde 1909 von der Eliavson-Familie erbaut, einer der 60 Familien, die Tel Aviv einst gründete. Heute gehört das Gebäude dem Institute français.

Bemerkenswert ist auch das Lederberg-Haus an der Ecke Rothschild Boulevard und Allenby Street. Der Künstler Jacob Eisenberg (1897–1965), der zu der Bazalel-Schule gehörte, die orientalische Kunst mit Jugendstil kombinierte, hat die Wandgemälde auf der Fassade des Hauses gestaltet. In vier Arbeiten aus Keramikfliesen zeigt er jüdische Pioniere, die säen und ernten, einen Hirten und eine Ansicht von Jerusalem.

Und dann sind da noch die zahlreichen Bauhausbauten mit ihren runden Balkonen und klaren Linien. Sie befinden sich hauptsächlich am Boulevard und in dem angrenzenden Viertel – und nirgendwo anders in der Stadt sind sie besser erhalten und aufwendiger restauriert. In der Mitte des Boulevards sind Schaukeln, Rutschen, Klettergerüste und Sandkästen, kleine Hundeauslaufplätze, Open-Air-Schachbretter, viele Kioske und noch mehr Sitzbänke.

Zwischen der Habima und der Mazeh Street liegen vor allem Wohnviertel, der lebendigste und teuerste Abschnitt ist nördlich der Allenby Street.

JAFFA

Die 4000 Jahre alte Stadt wurde bereits in der Bibel erwähnt – als Hafen, in dem das Holz für König Salomons ersten Tempel angelandet wurde. Nach der Öffnung des Suezkanals 1869 kamen dort die Schiffe der Pilger aus der ganzen Welt an – und im 19. Jahrhundert entwickelte Jaffa sich zu einem wichtigen urbanen Zentrum. Da die Bevölkerung beständig wuchs und die Juden sich eingeengt fühlten, begannen sie in den Norden der Stadt auszuweichen – und Tel Aviv entstand.

Seit 1950 gilt Jaffa als Stadtteil Tel Avivs, zwei Orte, die unterschiedlicher nicht sein könnten. Die alte arabische Stadt mit ihrem berühmten Glockenturm und dem heute ältesten aktiven Hafen der Welt ist eine Idylle mit uneben gepflasterten engen Straßen, kleinen verwinkelten Gassen, die sich den Hang hochschlängeln, eng aneinandergelehnten Häuschen und das alles in schönsten Sandfarben, die bei Sonnenuntergang kraftvoll leuchten.

MUSEEN

Eretz Israel Museum

Das israelische Geschichts- und Kulturmuseum ist eines der größten des Landes. Über mehrere Pavillons verteilt, erzählt es von den ersten Ureinwohner bis zu der Erklärung der Unabhängigkeit. Multimedia-Displays verdeutlichen ethnografische Zusammenhänge, antike Artefakte sind zu sehen, Münzen, Keramik, Glas, es wird gezeigt, wie Olivenöl hergestellt wird, eine Mine aus dem Bronzezeitalter wurde rekonstruiert und ein Planetarium eröffnet. Dazu gibt es wechselnde Sonderausstellungen.

Für einen Besuch sollte man gut einen halben Tag einplanen, denn das Gelände ist groß und die Vielfalt beeindruckend.

2 Haim Levanon Street, Ramat Aviv
Tel: 00972 (0)3 6415244
www.eretzmuseum.org.il

Sonntag – Mittwoch 10.00 – 16.00 Uhr,
Donnerstag 10.00 – 20.00 Uhr,
Freitag – Samstag 10.00 – 14.00 Uhr

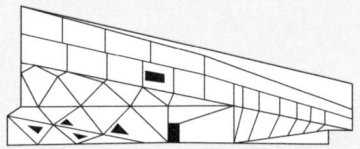

Tel Aviv Museum of Art

Es ist das Museum für Kunst in Israel und eines der besten weit über die Landesgrenzen hinaus! Von außen wirkt es unscheinbar, ein Klotz im Herzen der Stadt, in den es 1971 nach 40 Jahren in der heutigen Independence Hall zog. Doch was einen innen erwartet, ist umso beeindruckender. Zur festen Kollektion gehören Klassiker von van Gogh, Picasso, Miró, Chagall, Kandinsky und Rothko – und die weltgrößte Sammlung für israelische Kunst. Zusätzlich gibt es einen Flügel für Fotografie und Design und einen Skulpturen-Garten. Das Hauptgebäude wurde gerade um den „Herta und Paul Amir"-Pavillon erweitert, benannt nach den Spendern aus Los Angeles, entworfen von dem US-Architekten Preston Scott Cohen und eröffnet mit einer Schau von Anselm Kiefer! Mit seiner spektakulären und wie gefaltet wirkenden Form und den horizontalen und vertikalen Sehschlitzen gehört es zu den architektonischen Mustsees der Stadt.

27 Shaul Hamelech Boulevard
Zentrum
Tel: 00972 (0)3 6077020
www.tamuseum.com
Montag und Mittwoch 10.00 –
16.00 Uhr, Dienstag und Donnerstag
10.00 – 22.00 Uhr, Freitag 10.00 –
14.00 Uhr, Samstag 10.00 – 16.00 Uhr,
Sonntag geschlossen

Design Museum Holon
Israel ist nicht gerade berühmt für sein Design. Aber spätestens jetzt für sein Design Museum. Vier Jahre hat die Umsetzung des großartigen Entwurfs der Ron Arad Architects gedauert, die zwei Gebäude mit einem beweglich wirkenden rostroten Stahlband umwickelten. Ausgestellt

sind historische und zeitgenössische Arbeiten aus den Bereichen Industrie-, Mode-, Textil- und Schmuckdesign. Und das anzuschauen ist ein Erlebnis – mit zum Himmel geöffneten Galerien, spektakulären Treppenaufgängen und seltsam gekippten Wänden.

Das Museum hat einen kleinen Museumsshop, in dem man neben Objekten israelischer Designer eine interessante Bibliothek findet. Zwischen den verschiedenen Wechselausstellungen bleibt das Museum geschlossen, deshalb unbedingt vorher auf der Website nachschauen, ob das Museum, das sieben Kilometer vor den Toren Tel Avivs in Holon liegt, geöffnet ist!

Mit dem Bus Nr. 3 von der Allenby Street in Tel Aviv können Sie es bequem erreichen.

8 Pinhas Eilon Street
58459 Holon
Tel: 00972 (0)73 2151515
www.dmh.org.il
Montag und Mittwoch
10.00 – 16.00 Uhr,
Dienstag und Donnerstag
10.00 – 20.00 Uhr,
Freitag 10.00 – 14.00 Uhr,
Samstag 10.00 – 18.00 Uhr,
Sonntag geschlossen

Der Shabbat ist der siebte Tag der jüdischen Woche und an ihm wird geruht. Er beginnt Freitag bei Sonnenuntergang und geht bis zum Sonnenuntergang am Samstag. Öffentliche Verkehrsmittel fahren während dieser Zeit nicht, viele Fahrstühle – da man keine Knöpfe bedienen soll – sind auf Automatik gestellt. Ein Großteil der Geschäfte macht erst Samstagabend wieder auf. Statt öffentlicher Verkehrsmittel kann man in Tel Aviv den Sherut, ein Sammeltaxi, benutzen.

Im Gegensatz zu Jerusalem aber sind in Tel Aviv die meisten Cafés, Restaurants und Bars geöffnet, und das Nachtleben am Freitagabend pulsiert. Der Sonntag ist dann wieder ein ganz normaler Arbeitstag.

KOSCHERE KÜCHE

„Du sollst das Böcklein nicht in der Milch seiner Mutter kochen", heißt ein biblisches Gebot (2. Mose 23,19). Die Rabbiner legen es so aus, dass Milchprodukte auf keinen Fall mit Fleisch in Berührung kommen dürfen – und zwar nicht nur in einem Gericht selbst, auch nicht auf dem Teller, im Kühlschrank und selbst in der Einkaufstasche nicht. In koscheren Küchen gibt es daher zwei verschiedene Sets an Tellern, Besteck, Töpfen, getrennte Fächer im Kühlschrank und in der Spüle.

Auch sonst ist die koschere Küche von biblischen Gesetzen geprägt: Schweine, Pferde, Hasen und Kamele schließt sie aus, da nur Tiere gegessen werden dürfen, die gleichzeitig Paarhufer und Wiederkäuer sind. Auch Meeresfrüchte dürfen nur sehr eingeschränkt verzehrt werden. Hummer, Muscheln, Krustentiere, Garnelen oder Langusten sind tabu, da sie nicht gleichzeitig Schuppen und Flossen haben.

Im Judentum ist die Küche weit mehr als nur der Ort, an dem man kocht. Sie gilt als das geistige Zentrum des Haushaltes und heiligt durch das Einhalten der Speisevorschriften den Alltag. Das Befolgen der Gebote soll helfen, die Polarität von Geistigem und Körperlichem, von Alltäglichem und Heiligem zu überbrücken.

Im Talmud heißt es, dass der Haushalt wie ein Tempel und der gedeckte Tisch ein Altar sei und dass dort nur ein Opfer liegen dürfe, das den Geboten entspricht.

TYPISCHE ISRAELISCHE SPEISEN

Israeli Salad Köstlich erfrischender Salat aus klein gehackten Gurken und Tomaten, Minze und Petersilie.

Jachnun ist eine jemenitisch-israelische Frühstücksspezialität, die am Shabbatmorgen gegessen wird. Sie besteht aus gewalztem Teig, der bei niedriger Hitze bis zu zehn Stunden lang gebacken wird. Er wird anschließend ganz dünn ausgerollt, mit Butterschmalz bestrichen und wieder zusammengerollt. Jachnun ist leicht süßlich und wird mit einem Tomaten-Dip, hart gekochten Eiern und Skhug, einer scharfen Sauce aus Koriander, Chili, Knoblauch und Kardamom serviert.

Shakshouka Ursprünglich ein Arbeiter-Frühstück, das nordafrikanische Juden nach Israel gebracht haben. Es besteht aus pochierten oder gebratenen Eiern, die in einer Sauce aus Tomaten und Zwiebeln serviert werden. Original wird es in einer kleinen Pfanne aufgetischt zusammen mit dick geschnittenem Brot, das man in die Sauce tunkt. Oft gibt es auch Tahina-Sauce dazu.

Pita-Brot Flache Brotfladen aus Weizenmehl, Wasser, Hefe und Salz.

Malawach wird aus dem gleichen Teig wie Jachnun hergestellt, hat aber eher die Form eines dicken Pfannkuchens. Neben Tomaten-Dip, hart gekochten Eiern und Skhug wird es auch mit Honig serviert.

Challa Kunstvoll geflochtenes Brot, das an Shabbat und an Feiertagen gegessen wird. Es besteht aus sehr vielen Eiern, feinem Weißmehl, Wasser und Hefe. In moderneren Rezepten werden auch schon mal weniger Eier verwendet und manchmal auch Vollkornmehl. Gelegentlich wird es mit Honig gesüßt, kommen Rosinen hinzu, oder es wird mit Sesam oder Mohn bestreut.

Cholent Traditioneller jüdischer Eintopf, der mehr als zwölf Stunden gegart und am Shabbat zu Mittag gegessen wird. Er entstand aus dem Verbot, an Shabbat zu kochen, und wird bereits am Freitag noch vor Sonnenuntergang aufgesetzt und anschließend stundenlang geköchelt. Zu den klassischen Zutaten gehören Fleisch, Kartoffeln, Bohnen und Gerste.

Gefilte Fish Hierfür wird ein Fisch, in der Regel Karpfen, Hecht oder Weißfisch, entgrätet und ausgehöhlt. Das Fischfleisch wird mit Zwiebeln, Brot, Eiern und manchmal auch etwas Zucker vermengt und erneut in die Fischhaut gefüllt. Danach wird der Fisch in einem Sud pochiert, abgekühlt und dann mit Roter Bete, Karottenscheiben und Meerrettich serviert.

Salat Chatzilim Die israelische Variante von Baba Ganoush einer Creme aus Aubergine und Tahina, Knoblauch, Zitrone und Zwiebeln.

DER GRANATAPFEL

Der Granatapfel gilt als die Glaubensfrucht Israels. Sie wird mehrfach im Alten Testament erwähnt, worin es heißt, dass die 613 Kerne der Anzahl der jüdischen Glaubensgesetze entsprechen. Drückt man von oben auf die Frucht, zeigt sich im Gehäuse der israelische Stern.

Straßen- und Marktstände, kleine Buden und Bars: In Tel Aviv kann man aus einer großen Auswahl Straßensnacks wählen. Hier eine kleine Übersicht:

Hummus Pürierte Kichererbsen, die mit Sesampaste (Tahina) verfeinert und mit Knoblauch und Kräutern gewürzt sind und mit warmem Pita-Brot gegessen werden.

Falafel Frittierte Hummus-Bällchen, die mit Salaten und einer je nach Rezept unterschiedlich scharfen Harif-Sauce in einer Pita-Tasche serviert werden. Mittlerweile gibt es auch diverse Saucen-Variationen, zum Beispiel Green Falafel mit Koriander und Petersilie, Red Falafel mit einer scharfen libanesischen Sauce mit Chili und Knoblauch oder Yellow Falafel mit Kurkuma.

Sabich Eine beliebte Variante des Falafel, die von irakischen Emigranten stammt und bei der die Hummusbällchen durch hart gekochte Eier und gebratene Aubergine ersetzt werden. Dazu wird eine Sauce, entweder Tahina oder Amba, die aus Mango und Curry besteht, serviert.

Shawarma Dünn geschnittenes Puten- oder Lammfleisch, das zusammen mit Hummus und Tahina in einer Pita-Tasche serviert wird. Wahlweise auch zusätzlich mit Salat oder Zwiebeln.

Bourekas Gefüllte Blätterteigpasteten mit Kartoffeln oder Käse, Spinat oder Pilzen.

Me'urav Yerushalmi Gegrilltes Hühner- und Lammklein mit Zwiebeln, Knoblauch und kräftigen Gewürzen.

Debayel sehen wie kleine frittierte Nudeln aus. Doch die chick-sticks bestehen aus Kichererbsen, Kartoffelmehl, Chilis, Salz und Gewürzen. Durch den Wolf gedreht, werden die kleinen dünnen „Nudeln" frittiert oder geröstet und in kleinen Tütchen serviert. Lecker!

Malabi Eine süße Streetfood-Variante, die aus hellem Pudding besteht, der mit pinkem Rosenwasser übergossen und mit Toppings wie Pistaziensplittern oder geriebener Kokosnuss garniert wird, manchmal auch mit frischen Früchten.

Sachlab Ähnlich wie Malabi, wird aber mit Milch und zermahlenen Wurzelknollen von Orchideen zubereitet.

DELIS UND BÄCKEREIEN

LE MOULIN
לחמים ומאפים

Le Moulin
Das Backen ist Motis Berufung und er folgt ihr, seitdem er 17 ist. In seiner Bäckerei Le Moulin bietet er Brote, Croissants und Quiches an, die mit viel Hingabe und nach alten Rezepten gebacken werden. An ausgefallenen modernen Kreationen und jeglichem Chichi ist Moti nicht interessiert. Er setzt auf die guten Zutaten, die Backkunst und die Schönheit des Einfachen. Das sieht man auch in der Bäckerei selbst. Wie eine wunderbare französische Boulangerie wirkt sie, ist schlicht, mit viel Holz eingerichtet und hat große Kreidetafeln und alte Kacheln. Bevor man die Köstlichkeiten nach Hause trägt, kann man dort auch einen

Kaffee trinken. Das tun die Nachbarn mit Vorliebe, haben Le Moulin zu ihrem Wohnzimmer gemacht, und einen gemütlichen Zwischenstopp dort sollten auch Sie sich nicht entgehen lassen.

72 Bugrashov Street, Zentrum
Tel: 00972 (0)77 5311110
Sonntag – Donnerstag 7.15 – 20.00 Uhr,
Freitag 7.15 – 16.00 Uhr,
Samstag geschlossen

Kondituria Weiss
Von außen sieht diese kleine Familienbäckerei nach nicht viel aus. Der Name ist auf die große Glasfront gepinselt, innen brennt Neonlicht. So kann man sich ganz darauf konzentrieren, was dort das Wichtigste ist: die typisch israelischen Backwaren, die auf großen silbernen Blechen gestapelt in der Auslage stehen. Bei der Familie Weiss bekommt man den leckersten Mohnkuchen, „Ugat Pereg"

genannt, wunderbare kleine Schokoladencroissants, die „Rogallach"
heißen, und „Neshikot", die israelische Entsprechung des Baisers. Der
Name wurde dabei einfach ange-
passt. Wie Baiser im Französischen
heißt Neshikot auf Hebräisch Kuss.

4 King George Street, Zentrum
Sonntag bis Donnerstag
7.00 – 19.45 Uhr, Freitag
7.00 Uhr bis zu Beginn des Shabbat,
Samstag geschlossen

Abulafiya

Diese arabische Bäckerei ist eine
Institution an der Grenze zwischen
Tel Aviv und Jaffa und mitten im
arabischen Viertel. Viele Meter lang
ziehen sich die Vitrinen und offenen Schaufenster, an denen man
seine Bestellung aufgibt. Seit 1879
versorgt Abulafiya Genießer der
ganzen Stadt, und man kann sich
nur schwer zwischen den vielen
süßen und salzigen Leckereien entscheiden. Köstlich sind die Hefefla-

den, die mit einer Art Kräuterpesto
aus Zatar, einem orientalischen
Gewürz, das Thymian ähnelt, und
mit Sesam bestreut sind und die
Teignester, in denen innen ein po-
chiertes Ei ist. Oder man isst „Toast",
eine Art Baguette in Bagelform, das
mit Frischkäse sowie verschiedenen
Zutaten – zur Auswahl stehen Pilze,
Paprika, Tomaten, Zwiebeln, Oliven,
Eier und vieles mehr – gefüllt wird.
Hat man seine Entscheidung getrof-
fen, wird der Snack im Ofen warm
gemacht.

7 Yefet Street, Jaffa
Täglich rund um die Uhr geöffnet

Lehamim

Man ahnt schon, dass etwas Gutes
kommt, wenn einem auf der Ha-
Hashmonaim Street der Duft von
frisch Gebackenem in die Nase steigt
– und das rund um die Uhr und, außer am Shabbat, jeden Tag. Dann
werden bei Lehamim wunderbare
Brote, Quiches und Kräuterrollen
gebacken – und die besten Foccacias
der Stadt. Die Zutaten sind ausgesucht, alles wird in Handarbeit zubereitet, und das Angebot wechselt
jeden Tag. Sehr zu empfehlen ist das
Dienstagsbrot, das eben jeden Dienstag angeboten wird, ein Roggenbrot

mit Walnüssen, Rosinen und Blaubeeren.

99 HaHashmonaim Street, Zentrum
Tel: 00972 (0)3 5618111
www.lehamim.com
Sonntag 6.00 Uhr bis Freitag
eine Stunde vor Shabbat,
24 Stunden geöffnet,
Samstag geschlossen

Olia auf dem Markt Shuk HaCarmel
Neben ihrem Geschäft in der Nähe
des Rabin Square (siehe S. 84) betreibt das Olia, Spezialist für israelisches Olivenöl und alles, was man
daraus machen kann, jetzt auch diesen kleinen tollen Imbiss auf dem
Shuk HaCarmel. Seine Olivenöle sind
dort in langen Reihen aufgestellt,
die spannenden Vinaigretten, Pasten, Senfe und große Tonschüsseln
mit eingelegten Oliven. Alles kann
man probieren oder sich als Tapas
servieren lassen. Kosten Sie die süßen Oliven, die salzige Feigenpaste
und möglichst viel von dem Rest,

und bestellen Sie ein Bier dazu. Besser geht es nicht!

Shuk HaCarmel, 7 Carmel Street,
Zentrum
Tel: 00972 (0)3 5100663
Sonntag – Donnerstag
9.00 – 18.00 Uhr,
Freitag 7.00 – 17.00 Uhr,
Samstag geschlossen

Taam HaIr – Taste of the City
Im Juni präsentieren die Chefköche
der Stadt ihre Spezialitäten im HaYarkon Park. Tel Aviv ist die Stadt, die
niemals schläft, aber auch niemals
aufhört zu essen, schrieb jemand
über das Festival, das bereits seit
mehr als 15 Jahren stattfindet. Drei
Tage lang sprudeln Schokoladen-
Fontänen, präsentieren die Weingüter der Umgebung ihre besten
Tropfen, und man kann sich dort für
wenig Geld durch die Specials der
Chefköche probieren. Fragen Sie im
Hotel oder in einem Restaurant nach
dem genauen Termin.

DIE BESTEN MÄRKTE

Shuk HaCarmel
Der Carmel Market, eine Institution seit den Zwanzigerjahren, ist

der größte Markt der Stadt, und Sie
sollten ihn auf keinen Fall verpassen. Am Freitag, bevor die Sonne

untergeht und der Shabbat beginnt, kauft tout Tel Aviv dort ein, um für den Ruhetag vorzukochen.

Es heißt, auf dem Markt gibt es einfach alles! Von Obst und Gemüse über exotische Gewürze, Fleisch in einer eigenen Fleischgasse, Backwaren, Snacks, Oliven, getrocknete Früchte, Haushaltswaren, Haarspangen, Klamotten und, und, und. Und das auch noch wesentlich billiger als irgendwo sonst. Lassen Sie sich treiben, genießen Sie das Getümmel, snacken Sie an einem der vielen Imbisse und biegen Sie auf jeden Fall in die Seitengassen ein, in denen es noch authentischer zugeht. Auch die Olivenspezialisten des Olia unterhalten dort einen schick designten Stand. Jeden Freitagmorgen werden dort zusätzlich Tapas angeboten, die mit den Oliven, den Olivenölen, Pasten und Vinaigretten des Olia hergestellt sind. Kleine Köstlichkeiten, durch die man sich wunderbar und in Ruhe probieren kann, und dazu gibt es viele Produkte aus der Olia-Linie, die sich auch perfekt als Mitbringsel eignen.

Der beste Weg, um zum Markt zu gelangen, ist über die Allenby Street/ Ecke King George und Sheinkin Street.

Sonntag – Donnerstag
8.00 bis Einbruch der Dunkelheit,
Freitag 8.00 – 14.00 Uhr

Shuk HaPishpishim
Auf dem Flohmarkt am Fuße der Altstadt von Jaffa kann man alles finden. Kleider, Kommoden, Tische, indische Kissen, persische Fliesen, verbeulte Küchenutensilien, Judaica, eine Kordel aus dem 17. Jahrhundert – oder andere Schätze. Es ist der größte, beste und charmanteste Flohmarkt der Stadt, und man hat das Gefühl, er hört gar nicht mehr auf. Von einer Straße kann man in die andere abbiegen und man sollte sich genug Zeit lassen, um ausgiebig zu stöbern – und einen Drink oder Snack zu nehmen.

Um die Amiad Street herum, Jaffa
Sonntag – Donnerstag
10.00 – 18.00 Uhr,
Freitag 10.00 – 14.00 Uhr

Tel Aviv Port Farmers' Market – und Markthalle

Jeden Freitagmorgen werden vor der Gourmet-Markthalle im neuen Tel Aviver Hafen frische Früchte und Obst direkt von den Bauern verkauft. Die Händler sind mit dem Herzen dabei, der Markt ist voll und beliebt und die Preise etwas höher als normal.

Die Gourmet-Markthalle, die dahinter liegt, ist die ganze Woche über geöffnet. An den Ständen finden Sie Käse, Wein, Fleisch, ausgesuchte Gewürze, Kochutensilien und Kaffee, oder Sie können sich durch kleine, ausgesuchte Snacks kosten. In der Markthalle finden Kochkurse und Verkostungen statt – und sie ist gleichzeitig ein Ort, um zu sehen und gesehen zu werden.

Tel Aviv Port, Hangar 12
shukhanamal.co.il
www.farmersmarket.co.il
Der Markt in Hangar 12 ist Montag – Donnerstag 8.30 – 20.00 Uhr, Freitag 7.00 – 17.00 Uhr, Samstag 8.30 – 18.00 Uhr geöffnet. Sonntags ist er geschlossen. Der Farmers' Market findet Freitag von 8.00 – 15.00 Uhr statt.

SHOPPING

רח' מנחם שינקין
شارع شينكين
REHOV SHEINKIN

Die Sheinkin Street ist einer der Hotspots der Stadt. Kleine Boutiquen reihen sich aneinander, Schuhläden und Tattoo-Studios, viele Cafés, Restaurants und Saftbars. Lassen Sie sich treiben, und schauen Sie mal hier und mal dort hinein – am besten am Freitagvormittag, wenn dort das geschäftigste Treiben herrscht.

Auch um den Masaryk Square und den Rabin Square herum kann man gut auf Shopping-Tour gehen. Immer mehr junge israelische Designer siedeln sich dort an. Die Stile sind ganz unterschiedlich und trendy, und für Designer Wear haben sie relativ günstige Preise.

Eine kleine Auswahl: Anna K. bietet Modedesign, das „direkt aus dem eigenen Kleiderschrank" kommt, individuell ist und hip. Dazu gehören mintfarbene Hosen, fantasievoll gemusterte Blusen und extravagante Hüte. Sharon Brunsher ist auf schlichtes, geradliniges Fashiondesign und Kleinigkeiten wie schöne Schreibhefte und ausgesuchte Kerzen spezialisiert. Gertrud HaKtana hingegen bietet im schönsten Interieur mit alten Möbeln und Streublümchentapete feminin romantische Fashion und Lingerie aus natürlichen Stoffen. SQ1 Square One ist aus einer Zusammenarbeit mehrerer Designer entstanden und hat eine sehr modische und bequeme Kollektion mit übergroßen Strickjacken, Blümchenblusen, eleganten Abendstücken und perfekt fallenden Hängerchen.

Anna K.
75 Frishman Street, Zentrum
Tel:00972 (0)3 5291244
www.annak.co.il
Sonntag – Donnerstag 11.00 –
19.30 Uhr, Freitag 11.00 – 15.00 Uhr,
Samstag geschlossen

Sharon Brunsher
75 Frishman Street, Zentrum

Tel: 00972 (0)3 5270374
www.brunsher.com
Sonntag – Donnerstag 10.00 –
20.00 Uhr, Freitag 10.00 – 15.30 Uhr,
Samstag geschlossen

Gertrud HaKtana
77 Frishman Street, Zentrum
Tel: 00972 (0)3 5239902
www.gertrud.co.il
Sonntag – Donnerstag 9.30 – 19.30 Uhr,
Freitag 9.30 – 15.00 Uhr,
Samstag geschlossen

SQ1 Square One
16 Masaryk Square, Zentrum
Tel: 00972 (0)3 5233184
sq1tlv.co.il
Sonntag – Donnerstag 10.00 –
19.30 Uhr, Freitag 10.00 – 15.00 Uhr,
Samstag geschlossen

Ein Muss, nicht nur für Fashionistas, ist der Store Shine (while u can) der Modedesignerin Alice Dahan. Schlicht, stilvoll und unaufgeregt sind schönste Stücke an langen Kleiderstangen die Wände entlang aufgereiht und haben gemein, dass sie aus großartig fallenden Stoffen genäht sind und in elegant dezenten

-105-

Farben gehalten. Die Schnitte sind komplex und klar, und einige der Stücke sind unisex, können sowohl von Frauen als auch von Männern getragen werden. Bei Shine (while u can) gibt es auch eine große Auswahl an Accessoires.

12 Masaryk Street
Zentrum
Sonntag – Donnerstag 10.30 – 19.30 Uhr, Freitag 10.30 – 15.30 Uhr, Samstag geschlossen

HATACHANA

Die alte Bahnhofsstation, von der einst die Züge nach Jerusalem fuhren, ist heute eine der beliebtesten Freizeitadressen der Stadt. Auf dem Weg von Neve Tzedek zum Strand liegt das eindrucksvolle und toprenovierte Bahnhofsareal von 1892, auf dem heute Bars, Restaurants, Cafés und viele Shops untergebracht sind. Sie reichen von Modeboutiquen, Schuhgeschäften und Einrichtungsläden über Händler für Holzspielzeug bis zu kleinen Galerien. Es lohnt sich, bei Made in TLV vorbeizuschauen, einem Laden, der ungewöhnliche Souvenirs

anbietet. Dazu gehören die dünnen Aluminium-Wanduhren von Ofek Wertman, Schlüsselanhänger mit Tel Aviver Straßennamen auf Hebräisch, Untersetzer, die alten arabischen Kacheln nachempfunden sind, oder Gürtelschnallen mit Fotografien des Fotojournalisten Ziv Koren.

Jeden Donnerstag findet ab 19 Uhr (bis 24 Uhr) dort die „Unique" statt, eine kleine Messe für Design, Kunst und Kunsthandwerk, die von DJs begleitet wird. Freitags um 8 Uhr (bis 14 Uhr) öffnet der Naturkostmarkt Orbanic (urban organic) dort seine Stände, der neben Obst und Gemüse auch umweltgerechte Haushaltswaren und Kosmetik anbietet.

1 Kaufmann Street, Neve Tzedek
www.hatachana.co.il
Täglich 10.00 – 22.00 Uhr

DO SOMETHING YOU HAVE NEVER DONE BEFORE

Gordon Swimming Pool

Dieser Swimmingpool mit Meerwasser ist ein Klassiker. 1954 eröffnet, zog die Boheme dort ihre Bahnen – und tut dies bis heute. Am liebsten früh morgens, immer hin und her in dem Schwimmbecken mit Olympia-Ausmaßen und mit schönstem Blick auf das Meer und den Jachthafen. Empörung machte sich breit, als er vor ein paar Jahren geschlossen wurde, und Begeisterung, als er 2009 komplett renoviert wiedereröffnete. Es gibt zwei Kinderbecken, und auf den neuen stylishen Holzplanken stehen Liegestühle und Sonnenschirme um den Hauptpool herum. Strecken Sie sich dort aus und genießen Sie das Ambiente!
Haben Sie danach noch Lust auf etwas Bewegung, leihen Sie sich ein Matkot-Spiel mit seinen Holzschlägern aus und fallen Sie am Strand in das immerwährende „Klack Klack" des Volkssports ein!

Gordon Beach, nahe des Carlton Hotels, Tel: 00972 (0)3 7623300 www.gordon-pool.co.il, Montag – Donnerstag 6.00 – 20.00 Uhr, Freitag 6.00 – 19.00 Uhr, Samstag 7.00 – 18.00 Uhr, Sonntag 13.30 – 20.00 Uhr

Tel Aviv besitzt unglaubliche 14 Kilometer Stadtstrand – und der ist in mehrere, ganz unterschiedliche Abschnitte unterteilt. Die Hauptstrände werden von Rettungsschwimmern bewacht, sind mit Liegen, Sonnenschirmen, Toiletten, Cafés und Restaurants ausgestattet. Richtung Jaffa finden Sie auch etwas ursprünglichere und weniger bevölkerte Strände mit stärkerer Brandung.

Während es am Metzizim, dem Familienstrand, sehr trubelig zugeht, können Sie am Surfers Beach vor den Türmen des Hilton Hotels den Wellenreitern zusehen oder selbst ein Board ausleihen. Dort in der Nähe liegen auch der Hundestrand (Dog Beach) und der Homosexuellen-Strand (Gay Beach). Am Banana Beach sorgen im Sommer jeden Freitag Trommler für Atmosphäre, wohingegen der Nordau Beach der religiöse Strand ist. Durch Mauern vom Hilton und der Surfer Beach abgetrennt und vor neugierigen Blicken geschützt, wird er den Ansprüchen streng religiöser Juden gerecht. Die Strandtage sind nach Geschlechtern getrennt: Montag, Mittwoch und Freitag ist der Strand den Männern vorbehalten, Sonntag, Dienstag und Donnerstag wird er von den Frauen genutzt. An diesen Tagen baden dort auch nicht religiöse Frauen, die einfach ihre Ruhe haben wollen. Sie werden von den gläubigen Jüdinnen ohne Weiteres akzeptiert, auch wenn dabei grundverschiedene Welten aufeinanderzutreffen scheinen.

JOGGEN

Am schönsten lässt es sich auf der Strandpromenade Tayelet in Tel Aviv joggen – immer am Meer entlang. Die Strecke mit einem angelegten Pfad ist flach und die Aussicht grandios. Die Strandpromenade, etwa zwölf

Kilometer lang, führt vom Norden bis nach Jaffa, vorbei an Hochhausburgen, Bauhaus-Bauten, dem jemenitischen Viertel, dem schicken Neve Tzedek. Ist es am Strand zu heiß oder zu windig, kann man auch wunderbar entlang des HaYarkon Rivers und im HaYarkon Park joggen.

Dort ist es sehr grün, geschützt und schattig.

SHERUT

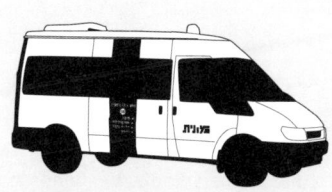

Lassen Sie sich eine Fahrt in diesen Kleinbussen nicht entgehen. Mit sechs Shekel (sieben Shekel am Shabbat), etwa 1,10 Euro, sind sie billiger als die öffentlichen Busse, bedienen die Hauptstrecken der Stadt und halten an, wenn Sie den Arm ausstrecken. Und drinnen geht es gemütlich zu. Man quetscht sich mit Einkaufstaschen und Kindern nebeneinander, im Gang liegt ein Hund im Weg, und schnell kommt man miteinander ins Gespräch. Schon, weil man nicht beim Einsteigen zahlt, sondern sich erst mal setzt und dann das Geld seinem Vordermann gibt. Reihe für Reihe wird es bis zum Fahrer weitergereicht – und auch das Wechselgeld kommt auf diese Weise retour!

BUCHTIPP

„Guten Morgen, Tel Aviv!"
von Katharina Höftmann
Seit Kurzem ist Tel Aviv das neue Zuhause der Berliner Journalistin Katharina Höftmann – und sie wundert sich. Über ihre deutschen Party-Freunde, die plötzlich nicht mehr am Feiern, sondern vor allem an ihrer Einschätzung des Nahostkonflikts interessiert sind – und schließlich über die Lebenskultur in ihrer neuen Heimat. Bissig, lustig und liebevoll erzählt sie, wie Israelis sich auf Hochzeiten in hüpfende Kängurus ver-

---

wandeln und wie man in dem Wüstenstaat dank der Klimaanlagen fast erfriert. Sie berichtet von einem Herrn mit traditionellen Schläfenlocken, der Rollschuh fährt, und davon, dass mindestens 30 Familienangehörige ein Mitspracherecht haben beim Kauf eines Kühlschranks. Sie erklärt, dass der Straßenverkehr angsteinflößender ist als ein Terroranschlag, da der Tel Aviver den Ze-

brastreifen für Safari-Deko hält und den Schulterblick nur nutzt, um auf der Rückbank zu wühlen, und warum das „Ach-so-Heilige-Land" vor allem eines ist, in dem alle schreien. Es ist ein Blick in den Alltag im Holy Land, mitreißend, komisch und genauso tiefsinnig – und eine herrlich lustige Vorbereitung. Sind Sie dann vor Ort, werden Sie vieles wiederentdecken!

FILMTIPP

Der Blaumilchkanal
Regie: Ephraim Kishon (1969)
Ein Klassiker – und eine herrliche Satire, gedreht nach einem Hörspiel von Ephraim Kishon (1924–2005) und von ihm selbst auf die Leinwand gebracht. Ein gewisser Kasimir Blaumilch bricht aus dem Irrenhaus aus und macht sich mit einem Presslufthammer daran, Tel Avivs zentrale Allenby Street aufzubohren. Die An-

wohner stehen kopf, die Behörden versagen und sehen die einzige Lösung, den Irrsinn schnellstmöglich zu beenden, darin, Blaumilch mit schwerem Gerät zu unterstützen. So lange, bis sie gemeinsam zum Meer durchstoßen und Wasser in die Stadt strömt. Aber kein Problem! Denn kurzerhand erklärt der Bürgermeister die Fluten zum Allenby-Kanal ... Mit Slapstick und augenzwinkerndem Humor nimmt Ephraim Kishon die Bauwut der Israelis aufs Korn, ihren Willen, selbst der Wüste fruchtbare Städte abzuringen, und auch die chaotische israelische Bürokratie. Kishon, der in weiteren acht Filmen Regie führte, ist selbst in einer Szene zu sehen. Zu Beginn des Films, wenn sich der erste große Stau bildet, spielt er den nervösen Fahrer eines roten Autos, der leidenschaftlich herumzetert.

PERSÖNLICHKEIT

David Ben-Gurion (1886–1973)

Als Sohn eines polnischen zionistischen Rechtsanwalts kam er mit 20 Jahren nach Israel, war Gründer der sozialdemokratischen Arbeiterpartei und wurde 1949 Israels erster Premierminister. Wenige Monate zuvor, am 14. Mai 1948, verlas er die israelische Unabhängigkeitserklärung: „Gleich allen anderen Völkern ist es das natürliche Recht des jüdischen Volkes, seine Geschichte unter eigener Hoheit selbst zu bestimmen. Demzufolge haben wir, die Mitglieder des Nationalrates, als Vertreter der jüdischen Bevölkerung und der zionistischen Organisation, heute, am letzten Tage des britischen Mandats über Palästina, uns hier eingefunden und verkünden hiermit kraft unseres natürlichen und historischen Rechtes und aufgrund des Beschlusses der Vollversammlung der Vereinten Nationen die Errichtung eines jüdischen Staates im Lande Israel – des Staates Israel."

Ben-Gurion führte das Land durch mehrere Kriege – und sprach sich nach dem Sechstagekrieg 1967 dagegen aus, ein weiteres arabisches Land einzunehmen. In seinen nahezu 20 Jahren als Premierminister ermutigte er Juden aus der ganzen Welt, nach Israel zu ziehen und baute die Infrastruktur des Landes maßgeblich aus. 1970 zog Ben-Gurion sich aus allen politischen Ämtern zurück und lebte bis zu seinem Tod in dem Kibbuz Sede Boker in der Negev-Wüste. Dort wurde er neben seiner Frau Paula beigesetzt. Vom Time Magazine zu einem der 100 einflussreichsten Menschen des 20. Jahrhunderts gekürt, ist der israelische Flughafen nach ihm benannt und ebenso die Universität von Beer Sheva.

Viele der jüdischen Feiertage sind beweglich, das heißt, sie sind nicht auf ein bestimmtes Datum festgelegt, sondern richten sich nach dem Mondkalender.

Yom Kippur – der höchste Feiertag

Der „Tag der Buße" ist der höchste Feiertag des Judentums, an dem die Gläubigen für die Sünden des vergangenen Jahres mit Gebeten und Entsagungen einstehen. Er ist der Abschluss des Rosh Hashanah, des jüdischen Neujahrsfestes, und der Tag der Versöhnung zwischen Gott und den Menschen. Er wird im Herbst im September oder Oktober am 10. Tischri (Monat im jüdischen Kalender) begangen und ist ein Fastentag.

Auch im weltlichen Tel Aviv ist es ein Tag der Einkehr, an dem die Stadt in einzigartiger Weise still steht. Kein Geschäft ist geöffnet, der Flughafen geschlossen, kein Auto, Taxi oder Bus fährt, und es heißt, an diesem Tag seien die Wellen des Meeres bis weit in die Stadt hinein zu hören. Yom Kippur dauert 25 Stunden von Sonnenuntergang zu Sonnenuntergang.

März/April

Purim ist ein lebendiger jüdischer Feiertag und das fröhlichste der jüdischen Feste, an dem die Rettung der persischen Juden vor einem Anschlag des Hofbeamten Haman gefeiert wird. Der Name Purim bedeutet so viel wie „ein Los ziehen" und bezieht sich auf die Vorgänge, die in der Bibel beschrieben sind. Es heißt, dass die Minister des Königs Achaschwerosch von Persien ein Los ziehen lassen wollten, um den Vernichtungstag der Juden zu bestimmen. Das wurde jedoch von Königin Esther und ihrem Onkel Mordechai verhindert, und diesen Sieg feiert man. Traditionell ist es ein Festtag, an dem „einer dem anderen Geschenke und den Armen Gaben schicke". Heute werden Umzüge veranstaltet, man verkleidet sich wild, geht aus, und dementsprechend voll sind die Cafés und Bars. Purim liegt in der Regel im März.

Pessach gehört zu den wichtigsten Festen im jüdischen Glauben und feiert die Freiheit. Es ist ein Fest voller Symbolik und erinnert an den Exodus, den Auszug der Israeliten aus Ägypten und ihre Flucht vor Unterdrückung und Sklaverei. Während des einwöchigen Festes dürfen sich keine gesäuerten Speisen im Haus befinden, da sie symbolisieren, dass die Israeliten in so großer Eile Ägypten verließen, dass sie keine Zeit mehr fanden, die Speisen zu säuern. Während des gesamten Pessachfestes werden deswegen Matzen, ungesäuerte Brotfladen, gegessen. Matzen gelten als Brote der Befreiung und des Elends. Aber es gibt auch speziell entwickelte andere ungesäuerte Gerichte wie „Pessach Blinzes". Das Fest findet zwischen Ende März und Mitte April statt. Achtung: Brotspeisen bekommen Sie an Pessach nicht, Falafelstände und Pizzerien sind geschlossen, teilweise wird auch kein Bier serviert. Die Brotregale in den Supermärkten sind versiegelt.

April/Mai
Yom HaShoah Holocaust-Gedenktag, an dem an die mehr als sechs Millionen getöteten Juden erinnert wird. Er wird am 27. Nisan (nach dem jüdischen Kalender) begangen. Um zehn Uhr ertönt eine Sirene, und zwei Minuten lang ruhen Arbeit und Ver-

kehr. Die Kranzniederlegung in der Gedenkstätte Yad Vashem in Jerusalem, die Verlesung der Namensliste der Opfer und andere Zeremonien werden live im Fernsehen übertragen.

Yom HaZikaron Der Kriegsgedenktag findet eine Woche nach dem Holocaust-Gedenktag statt und an ihm wird der Soldaten gedacht, die in israelischen Kriegen gefallen sind, und auch den Opfern des Terrorismus.

Yom HaAtzmaut Der Tag der Unabhängigkeitserklärung, die Ben-Gurion am 14. Mai 1948 verlas, wird ausgelassen gefeiert. In Tel Aviv findet die größte Party am Rabin Square statt. Yom HaAtzmaut findet zwischen Anfang und Mitte Mai statt.

Shavuot wird durch eine Reihe großer Erntedankfeste gefeiert. Mit ihnen geht die 50-tägige Trauerzeit nach Passah zu Ende. Kinder, die weiß gekleidet sind und Kränze und

Zweige in den Händen halten, ziehen durch die Stadt. Die Häuser werden bunt geschmückt. Gleichzeitig feiert es die Toragebung, den Empfang der zehn Gebote Gottes. Im Talmud heißt es dazu: „Fünfzig Tage vergehen, bevor sich aus der Apfelblüte eine Frucht entwickelt, fünfzig Tage wartete das Volk Israel in der Wüste, bevor es die Tora aus der Hand des Herrn empfing." Das Fest findet meist Mitte/Ende Mai statt.

September/Oktober

Yom Kippur Der höchste jüdische Feiertag, an dem auch in Tel Aviv das Leben still steht. (Siehe S. 112)

Rosh HaShana ist der jüdische Neujahrstag. Die Mischna, die wichtigste Sammlung religiöser Überlieferungen des rabbinischen Judentums, legt dieses Fest als Jahresbeginn fest. Zum Neujahr wünscht man sich „shana tova ve metuka", ein gutes und süßes Jahr, isst Äpfel und Granatäpfel als Symbol der Fruchtbarkeit und Honig, damit das neue Jahr „süß" wird. Wie Yom Kippur gehört es zu den großen Festen, ist jedoch nicht

auf ein historisches Ereignis zurückzuführen. An diesem Tag beginnt die zehntägige Periode der Selbstbesinnung, die an Yom Kippur ihren Höhepunkt erreicht.

Sukkot Das Laubhüttenfest wird fünf Tage nach Yom Kippur gefeiert und dauert sieben Tage lang. Nur der erste Tag ist ein vollständiger Feiertag, in orthodoxen Gemeinden auch der zweite. Der letzte Tag des Sukkot wird Hoshana Rabba genannt und gilt als der letztmögliche Tag, an dem die Urteilssprüche Gottes noch geändert werden können.

November/Dezember

Chanukka Das Lichterfest dauert acht Tage lang und erinnert an die Wiedereinweihung des Serubbabelischen Tempels 164 v. Chr., der der Befreiung der Juden von der Unterdrückung der Griechen folgte. Den jüdischen Siegern des Makkabäeraufstands blieb nur eine winzige Menge Öl, um den Tempel zu erleuchten, doch wundersamerweise brannte diese acht Tage lang. Diese Zeit symbolisiert der achtarmige Chanukka-Kerzenleuchter, der ins Fenster gestellt wird. Chanukka beginnt am 25. Tag des Kislew (nach dem jüdischen Kalender).

Juni
Ein ganz anderes Fest, an dem die liberalste Stadt des Nahen Ostens kopfsteht: die Gay Pride Parade, die im Juni vom Gan Meir zum Gordon Beach führt. Die ganze Stadt ist geschmückt, und es finden zahlreiche Partys statt.

AUSFLUG NACH JERUSALEM

Wenn man die Zeit hat, sollte man sich eine Fahrt nach Jerusalem, dieser einzigartigen, hochreligiösen und historischen Stadt auf keinen Fall entgehen lassen. Gerade mal 60 Kilometer entfernt, eröffnet sich eine ganz andere Welt. Und die ist am besten mit dem Bus zu erreichen.

Eine Stunde lang fährt die Buslinie Nr. 480 von Tel Avivs Busbahnhof Arlozorov zum zentralen Busbahnhof von Jerusalem an der Jaffa Road. Von dort aus können Sie bequem zum historischen Zentrum laufen.

Der Bus fährt täglich, außer am Shabbat, alle 5 – 10 Minuten und das bis in die Nacht (ca. alle 20 Minuten). Ein Ticket kostet 18 Shekel.

Auch mit dem Sherut kann man nach Jerusalem fahren, und das sogar am Samstag. Er fährt an der Nordseite von Tel Avivs zentraler Busstation ab und bis in das Zentrum von Jerusalem. Ein Ticket kostet unter der Woche 22 Shekel und am Shabbat 32 Shekel.

Tourist Office
Kaufmann Street 1
Hauptgebäude Hatachana Komplex
Tel: 00972 (0)3 5166188
www.visit-tlv.com
Sonntag – Donnerstag 10.00 –
20.00 Uhr, Freitag 9.00 – 13.00 Uhr

Telefonieren
Israel: 00972
Tel Aviv: 03

Einreise
Wollen Sie in arabische Staaten wie
Kuwait, Syrien, Saudi-Arabien oder
Jemen reisen, kann Ihnen die Einreise mit einem israelischen Stempel
im Pass verweigert werden. Deshalb
sollten Sie die israelischen Einreise-
beamten bitten, das Einreisedatum
auf ein separates Papier zu stempeln.

Transport vom Flughafen
Vom Ben-Gurion-Flughafen, der zwi-
schen Tel Aviv und Jerusalem liegt,
fährt eine Bahn in die Stadt. Wollen
Sie ein Taxi nehmen, lassen Sie sich
nicht von der oftmals sehr langen
Schlange zurückschrecken. Da ein
Mitarbeiter der Taxizentralen das
Einsteigen der Fahrgäste koordiniert,
geht es ziemlich schnell voran. Eine

Fahrt in Tel Avivs Zentrum kostet
zwischen 150 und 170 Shekel (etwa
30–35 Euro). Sprechen Sie den Fahr-
preis beim Einsteigen ab, und bitten
Sie den Fahrer, das Taxameter abzu-
stellen.

Stadtmagazin
Time out erscheint monatlich und
auf Englisch. Darin finden sich
Adressen zu verschiedensten The-
men und alle Termine der Stadt.
Auch online anzuschauen unter:
digital.timeout.co.il/english/

Rent-a-Bike
Sie können die Szenerie auch vom
Rad aus genießen. In der ganzen
Stadt kann man sich an öffentlichen
Stellen Fahrräder stunden- oder ta-
geweise ausleihen.
Aber radeln Sie umsichtig! Es heißt,
dass man in Tel Aviv eher Opfer
des Straßenverkehrs – mit Hunder-
ten Toten im Jahr – als eines terro-
ristischen Anschlages wird. Hier
herrscht das Recht des Stärkeren und
achten Sie einmal darauf: Es gibt
kaum ein Auto, das keine Beulen hat.
www.tel-o-fun.co.il

MEIN PERFEKTES WOCHENENDE

Freitag:

Samstag:

Sonntag:

NOTIZEN

NOTIZEN

LUST AUF DAS WELTWEIT BESTE?

Die Buchreihen „Ein perfektes Woche in …" und „Eine perfekte Woche …" werden vom Online-Cityguide www.smart-travelling.net herausgegeben. Hier finden Sie viele weitere ungewöhnliche Adressen für über 30 Städte und Regionen weltweit. Tipps für Hotels, Restaurants, Cafés, Shops und Aktivitäten – individuell und sorgfältig recherchiert. Denn Smart Travelling zeigt nicht alles und jedes, sondern sucht nach dem Authentischen und Besonderen, nach Orten, die das Flair einer Stadt oder Region ausmachen und uns immer wieder empfangen wie ein guter Freund. Schauen Sie vorbei unter www.smart-travelling.net: Klicken Sie sich durch unseren kulinarischen Best-of-Blog, buchen Sie Ihr Hotel bequem online, und freuen Sie sich mit unseren ausgesuchten Tipps von Antwerpen über Rom bis San Francisco auf Ihre nächste Reise.

Erfahren Sie das Neueste von Smart Travelling auf Facebook. Werden Sie jetzt Fan! facebook.com/smarttravelling

www.smart-travelling.net